Guimarães Rosa
e a Psicanálise
ENSAIOS SOBRE IMAGEM E ESCRITA

Transmissão da Psicanálise
diretor: Marco Antonio Coutinho Jorge

SECRETARIA DE ESTADO DE CULTURA DO DF
FAC
FUNDO DA ARTE E DA CULTURA

Tania Rivera

Guimarães Rosa e a Psicanálise

ENSAIOS SOBRE IMAGEM E ESCRITA

ZAHAR

Capa
Dupla Design

Ilustração da capa
Detalhe da obra *Palavras-chaves de um grande sertão*, de Elida Tessler, 2002.
Fotografia feita pela própria artista.

CIP-Brasil. Catalogação na fonte
Sindicato Nacional dos Editores de Livros, RJ

Rivera, Tania
R522g Guimarães Rosa e a psicanálise; ensaios sobre imagem e escrita / Tania Rivera. — 1ª ed. — Rio de Janeiro: Zahar, 2005.

Inclui bibliografia
ISBN 978-85-7110-858-5

1. Rosa, João Guimarães, 1908-1967 — Crítica e interpretação. 2. Literatura e psicanálise. I. Título.

CDD: 869.93
05-1541 CDU: 821.134.3(81)-3

EDITORA SCHWARCZ S.A.
Praça Floriano, 19, sala 3001 — Cinelândia
20031-050 — Rio de Janeiro — RJ
Telefone: (21) 3993-7510
www.companhiadasletras.com.br
www.blogdacompanhia.com.br
facebook.com/editorazahar
instagram.com/editorazahar
twitter.com/editorazahar

Sumário

Introdução

"A linguagem e a vida são uma coisa só."

Guimarães Rosa

Na célebre entrevista concedida a Günther Lorenz, Guimarães Rosa afirma conhecer muito bem a literatura de língua alemã, referindo-se entre outros a Goethe, Thomas Mann, Rilke e à "importância monstruosa, espantosa de Freud". "Todos esses autores", prossegue o escritor, "me impressionaram e influenciaram muito intensamente, sem dúvida".[1] Talvez a psicanálise tenha mesmo uma importância "monstruosa" para a literatura do século XX. Com Joyce de um lado e a "escrita automática" dos surrealistas de outro, ela ajudou a abrir possibilidades estilísticas que a obra do nosso Guimarães Rosa explora de modo único. Mais que aparecer como tema da escrita rosiana, a psicanálise se deixa entrever ali em sua fonte expressiva, de maneira complexa e sem dúvida ligada a um "espírito de época".

Tal influência da obra freudiana na literatura não se dá de forma linear, mas se realiza em mão dupla. A referência a obras literárias é constante na pluma de Freud, eventualmente com um objetivo erudito de ilustração, mas fundamentalmente como fonte de conhecimento privilegiado do inconsciente, ao lado daquele que lhe é fornecido pela clínica com seus pacientes. O poeta ou escritor de ficção é admirado por Freud como detendo um saber sobre o homem muito mais direto que aquele arduamente obtido pelo analista na busca de conhecimento que se singulariza em cada tratamento. A arte em geral, e a literatura em especial, assume na psicanálise o papel de terreno a ser explorado para que se legitime o alcance universal das hipóteses clínicas, permitindo que se ultrapasse o interesse psicopatológico e terapêutico das formulações freudianas para a criação de uma verdadeira teoria do homem.[2]

A própria teoria psicanalítica, por outro lado, talvez se inscreva mais no campo da criação literária que no da pesquisa científica. Não é à toa que Freud recebe em 1930 o prêmio Goethe da cidade de Frankfurt pelo valor científico e literário de sua obra. Guimarães Rosa tem razão ao situá-lo como autor de "literatura alemã" (sic). A psicanálise apresenta de saída um diálogo implícito com a literatura da metade final do século XIX, especialmente a literatura fantástica. Noemi Moritz Kon, em seu *A viagem: da literatura à psicanálise*, mostra e explora refinadamente esse parentesco.[3] Isso não tira em absoluto o valor das descobertas freudianas, muito pelo contrário. Por mais cientificista que Freud tente ser, a própria matéria de que se trata no campo da psicanálise talvez o obrigue a se fazer poeta. Ele surpreende-se, assim, com o fato de seus estudos de caso poderem ser lidos como romances, e reconhece que a ficção é o modo pelo qual se constitui o homem. Uma teoria do homem deve, portanto, retomar esse movimento de criação ficcional, fazendo-se um pouco literatura.

Ainda que os temas trabalhados por Freud estejam aparentados aos grandes motivos da literatura do século XIX, o uso da linguagem que a psicanálise inaugura com a associação livre estabelece uma ruptura e uma abertura de novas possibilidades estéticas. Seja com a busca de uma expressão automática do inconsciente, na crença de que ele seria em si maravilhoso e libertador, permitindo a reconciliação entre sonho e realidade tão desejada por André Breton, seja com a primazia e o deslizamento significante que Joyce magistralmente colocará em obra, a psicanálise marca a possibilidade de uma exploração da própria linguagem em suas condições de origem, de se remontar seu (mítico) momento original, que coincidiria com a própria origem do sujeito. "Como escritor", diz Guimarães Rosa, "devo me prestar contas de cada palavra e considerar cada palavra o tempo necessário até ela ser novamente vida."[4]

Ouvir a palavra de maneira a torná-la novamente *vida*: esta poderia ser também uma definição do que visa realizar um processo psicanalítico. A associação livre faz da palavra a ocasião de uma interpretação, já que, desde a invenção do inconsciente, entre a palavra e o sujeito não pode mais haver coincidência e familiaridade, mas estranheza, incômodo, desconhecimento. Pois "às vezes não se encontram as palavras que se está sentindo dentro de si mesmo", como nota ainda o escritor.[5] Devemos buscar a nós mesmos nos vãos das palavras, então, e reinventá-las um tanto para que nelas possamos surgir, relidos, mas sempre fonte de novas palavras, novas leituras. A interpretação psicanalítica visa não a produção de um sentido em uma explicação que fixa o sujeito, mas a produção de novas palavras em um estranhamento do sujeito. "Uma intervenção psicanalítica não deve de maneira alguma", sentencia Jacques Lacan, "ser teórica, sugestiva, quer dizer imperativa; ela deve ser equívoca".[6] Isso vale tanto para a intervenção do analista diante da fala do analisando quanto para a posição do psicanalista frente a uma obra literária. "A interpretação psicanalítica", diz ainda Lacan, "não é feita para ser compreendida; ela é feita para produzir ondas."[7]

Se a psicanálise pode exercer uma função crítica em relação à literatura, produzindo "ondas", possibilidades de leitura de um determinado texto, a literatura pode, por sua vez, suscitar "ondas" no terreno da psicanálise, relançando suas questões fundamentais. Como aponta Lacan, a crítica literária pode renovar-se com a psicanálise, se colocamos esta lado a lado com textos literários, mas não devemos esquecer que o enigma se situa, neste cotejamento, mais no terreno da própria psicanálise que no da literatura.[8] Mais que a produção de leituras de textos literários ou psicanalíticos, interessa nesse confronto entre os dois campos a retomada de questões referentes ao homem que cada um deles põe, de formas diversas, em obra. Talvez se trate de tentar ler finalmente, entrelaçando psicanálise e literatura, o próprio sujeito. Afinal, como escreve Guimarães Rosa, "a vida também é para ser lida".[9]

Este livro traça tentativas de compreensão do sujeito através de alguns contos de Guimarães Rosa postos em diálogo com textos psicanalíticos e com questões clínicas afins. Os ensaios que o compõem são independentes e podem ser lidos de forma autônoma, aparentando-se contudo não apenas quanto à proposta geral e ao material utilizado, mas por girarem todos em torno do enigma da constituição do sujeito – que coincide com o mistério da origem da própria literatura.

Alguns desses ensaios foram publicados originalmente como artigos, conforme consta em nossas "Fontes", tendo sofrido graus variáveis de alteração. Agradeço a Ana Vicentini de Azevedo pelo convite à aventura da leitura de Guimarães Rosa e pelo diálogo sempre tão fecundo e agradável sobre as relações entre arte, literatura e psicanálise. Agradeço também aos alunos que muitas vezes trilharam comigo o caminho que levou a essa escrita, e ao CNPq por ter apoiado as investigações que a ela deram origem.

CAPÍTULO 1

O Outro ou o Outro
"O espelho" e a transferência

"O traço distintivo do homem não consiste tanto em ser um ente de palavras quanto na sua possibilidade de ser 'outro'."

Octavio Paz

Que a obra literária seja expressão da subjetividade do autor é uma idéia comumente aceita, ao menos desde o Romantismo. A psicanálise inúmeras vezes pretendeu confirmar este postulado e levou a obra ao divã, imaginando tratar-se do autor. A idéia de *expressão* supõe algo interno – a subjetividade do homem, sua psiquê, seus conflitos – que se dá a ver na obra. A obra é aí considerada como expressão de algo vago ou oculto, preexistente no íntimo do autor, enquanto é posto em segundo plano o fazer-se da escrita enquanto *impressão* – como *trabalho* que se torna de alguma maneira fixo em palavras impressas, e que imprime também no autor sua marca. Neste sentido, a escrita seria impressão, mas uma impressão que é o contrário de uma marca rígida e precisa deixada por um carimbo: cambiante, fluida, ela é um processo que continuamente se transmuta, transformando seu agente e seu produto, ainda que ela se cristalize de alguma forma, como impresso, numa obra escrita. O autor não é um carimbo que deixa marcas em suas obras. A escrita como trabalho de impressão envolve tanto autor quanto obra, numa transformação mútua. Mas no jogo com o que se inscreve, autor e obra mantêm-se numa relação de exclusão: a obra ou a vida. O escrito ou o escritor.

Espelhos

Será a obra um espelho – mais ou menos fiel, mais ou menos revelador – do autor? Miremos a obra. "O espelho", de Guimarães Rosa, não nos leva a uma viagem através do espelho, pelas imagens que o autor aí desdobraria, mas nos mantém diante dele, atônitos, frente à pergunta: o que é um espelho? Este conto tem o temível poder de relançar esta questão crucial para a psicanálise, que pode parecer ter sido respondida, uma vez por todas e completamente, por fórmulas freudianas como "narcisismo", "identificação", ou ainda pelo famoso "estádio do espelho", de Jacques Lacan.

Primeira lição do conto: "O espelho, são muitos".[1] Plural e inapreensível, a imagem no espelho é forçosamente engodo: mesmo os retratos tirados de imediato um após o outro são muito diferentes entre si. A fidedignidade que a imagem no espelho guardaria com o "real" não é menos vacilante: é impossível, adverte Rosa, realizar a prova cabal que consistiria em mirar, ao mesmo tempo, o objeto e sua imagem refletida. No hiato *entre* uma mirada e outra, o tempo corre, e "o tempo é o mágico de todas as traições...". O tempo nunca é o mesmo – ele é um *ou* outro.

Uma ilusão de simultaneidade parece então ser constitutiva do fenômeno "espelho", numa magia que oblitera o *ou* um, *ou* outro. Esta mágica adesão será reaberta pelo conto de Rosa, sendo desfeita não menos magicamente, através do *duplo* espelho, ou melhor, do jogo de espelhos em que o personagem-narrador verá se multiplicar sua imagem num *ou...ou* sucessivamente repetido.

A magia ou des-magia do espelho parte, no conto, de uma conjuração da visão. A visão é sempre precária, denuncia Rosa. "Os olhos, por enquanto, são a porta do engano; duvide deles, dos seus, não de mim."[2] Duvide de seus olhos, "não de mim": fraco apelo do autor, à primeira vista, posto que ao denunciar o engodo da visão ele põe irremediavelmente em dúvida a própria literatura e suas imagens. Rosa parece prometer nos levar a um para além da ilusão: venha, pois a literatura traz verdades... Belo paradoxo, da obra e do autor (enquanto ele se deixa transparecer na obra), ao proferirem: tudo aqui é "por enquanto" ilusão, não deixe de notá-lo; *mesmo assim*, não desvie o olhar, siga-me neste caminho de promessas. "Se quer seguir-me, narro-lhe": tal é o convite-armadilha que abre "O espelho".[3]

Mas trará este caminho de fato alguma revelação? Ou será ele feito apenas de promessas, *re-velações* sucessivas? Vamos ao jogo de espelhos, à "revelação" do espelho de onde parece nascer a obra:

> Foi num lavatório de edifício público, por acaso. Eu era moço, comigo contente, vaidoso. Descuidado, avistei... Explico-lhe: dois espelhos — um de parede, o outro de porta lateral, aberta em ângulo propício — faziam jogo. E o que enxerguei, por instante, foi uma figura, perfil humano, desagradável ao derradeiro grau, repulsivo senão hediondo. Deu-me náusea, aquele homem, causava-me ódio e susto, eriçamento, espavor. E era — logo descobri... era eu, mesmo! O senhor acha que algum dia eu ia esquecer essa revelação?[4]

"Era eu, mesmo!" – a dúvida se insere na vírgula cortante, torna-se impossível aí o "eu mesmo". Daí em diante começa a viagem que consiste em não se sair do lugar, diante do espelho: "Desde aí comecei a procurar-me – ao eu por detrás de mim – à tona dos espelhos, em sua lisa, funda lâmina, em seu lume frio." O espelho parece fundo, mas é lâmina cortante. Será que ele alumia? Seu lume é frio.

O estranho

O eu tornado estranho – este é também "O estranho" (*Das Unheimliche*), de Freud. O próprio Sigmund passou um dia pela estranha experiência de não se reconhecer em sua imagem refletida num espelho de trem. "Aquela aparição – confessa ele numa nota de rodapé – me foi altamente desagradável."[5] Este fenômeno do *duplo* é, para o pai da psicanálise, o principal motivo do sentimento *unheimlich*, inquietante, que é considerado como um determinado domínio da estética – ao lado do terreno, tão mais estudado, dos sentimentos belos, grandiosos, atraentes. Ou estaria o *Unheimliche* mais apto a guiar Freud em suas indagações a respeito da arte do que categorias problemáticas e diáfanas como o Belo?

O próprio do *Unheimliche* é ser duplo: este termo alemão remete tanto à idéia de familiaridade (presente no radical *heim*) quanto ao significado de inquietação, suspeita, assombro, radical estranhamento. O adjetivo *unheimlich* é utilizado tanto como sinônimo de *heimlich* quanto como seu oposto. Freud o definirá como "aquela categoria do assustador que remete ao que é conhecido, de velho, e há muito familiar".[6] Ele se refere portanto ao recalcado, em primeiro lugar, o que parece confirmado pela significação dada a *unheimlich* por Schelling: "*Unheimlich* é o nome de tudo que deveria ter permanecido... secreto e oculto, mas veio à luz."[7] Em segundo lugar, Freud verá no inquietante o ressurgimento de modos arcaicos de funcionamento e crenças, como o animismo, o pensamento mágico e a confusão entre o eu e o outro.

Uma certa confusão é, contudo, não apenas um dos fatores arcaicos que dão origem à inquietante estranheza, mas seu traço fundamental. O *Unheimliche* fica no mundo do escondido *e* dele sai: não se trata do recalcado que, antes cuidadosamente escondido, mostra-se de repente às claras – como Freud gostava de caracterizar idealmente o trabalho analítico. Trata-se, no *Unheimliche*, de algo que fica nas sombras e se mostra, ao mesmo tempo, *a uma só vez estranho e familiar.* Tal é o paradoxo constitutivo do termo, que parece interessar a Freud enquanto arranjo significante, mais que como uma categoria estética entre outras.

Ora, esse paradoxo inscrito no *Unheimliche* figura uma propriedade inerente ao eu. O eu se vê como distinto do outro, mas pode eventualmente rever esta posição, sendo assaltado por uma inquietante estranheza – o que mostra que coexistem nele correntes divergentes, lado a lado, e não numa sucessão temporal. O eu não se torna em algum momento autônomo, deixando definitivamente para trás sua fusão com o outro, mas tal *con-fusão* permanece no presente como uma possibilidade de funcionamento, que ressurge em certas condições – e da qual a arte tira partido. A esta multiplicidade própria ao funcionamento do eu a metapsicologia freudiana dá o nome de clivagem ou divisão do eu (*Ichspaltung*). Já a literatura não cessa de apontá-la e dela tirar partido com o tema do "duplo". O célebre aforismo "eu é um outro", de Rimbaud, não é mais que a cristalização de um desses modos de funcionamento.

No conto de Guimarães Rosa, o jogo de espelhos rompe a magia do conhecimento de si enquanto outro no espelho, armando uma instável posição que se pode figurar como "o outro ou o outro".[8] Essa báscula inaugura uma busca de re-conhecimento que coincide com o próprio desenrolar do texto. A busca no espelho – ou através do espelho? – reflete-se, inclusive, num nível meta-narrativo entre o narrador-personagem e o leitor, este sendo finamente instado a se mirar no espelho do texto, para nunca aí se encontrar definitivamente. Assim como o narrador-personagem, após ter temporariamente abandonado sua investigação, subitamente se *des-figura* na obra:

> Um dia... Desculpe-me, não viso a efeitos de ficcionista, inflectindo de propósito, em agudo, as situações. Simplesmente lhe digo que me olhei num espelho e não me vi. Não vi nada. Só o campo, liso, às vácuas, aberto como o sol, água limpíssima, à dispersão da luz, tapadamente tudo. Eu não tinha formas, rosto? Apalpei-me, em muito. Mas, o invisto. O ficto. O sem evidência física. Eu era – o transparente contemplador?...Tirei-me.[9]

O ficcionista inflete, no espelho, "tapadamente tudo" – e em primeiro lugar ele próprio, *des-figurado*[10] – tornado figura literária ("o ficto"). Esta experiência-limite do desaparecimento no espelho talvez possa, assim, ser transposta à própria criação literária, como posição do autor diante de sua obra.

(In)Transparências

No conhecido conto "O Horla", de Guy de Maupassant, uma inquietação incompreensível vai tomando conta de um homem. Pouco a pouco ele percebe sinais da presença misteriosa e invisível de um outro que talvez tenha bebido a água da jarra que se encontrava em seu quarto, fechado a chave, enquanto ele dormia. Nos dias subseqüentes, a criatura toma a água e o leite que o homem cuidadosamente deixa sobre a mesa, a título de "experiência". Ele viajará então para Paris, fugindo da angústia que o toma, e viverá aí uma incursão no misterioso e no sobrenatural, acompanhando a hipnose da prima, realizada por um médico esclarecido ligado à Escola de Nancy. De volta ao campo, o homem tem uma percepção cada vez mais clara da invisível criatura e se põe a questionar sua própria sanidade mental, numa crítica refinada de Maupassant aos limites postulados entre razão e ilusão, sonho e realidade. Nesse ponto, sem que o outro se manifeste por ações concretas, o homem o sente intensamente a seu lado: "Ele não se manifesta mais, mas eu o sinto perto de mim, espiando-me, olhando-me, dominando-me, e mais temível ao se esconder assim do que se assinalasse através de fenômenos sobrenaturais a sua presença invisível e constante."[11] É justamente ao se fazer *des-perceber* que o outro se torna mais fortemente presente.

Em seguida, a angústia vai num crescendo, apesar de nada acontecer – ou talvez precisamente porque nada acontece. Numa espécie de despossessão, o protagonista perderá a sua própria "vontade" ("não consigo mais querer; mas alguém quer por mim; e eu obedeço"), e finalmente chegará a afirmar: "Já não sou nada em mim, senão um espectador escravo e aterrorizado com todas as coisas que faço."[12] O termo "espectador" não deixa de remeter a nós mesmos, leitores. Com fina ironia, Maupassant parece embaralhar aí as posições: quem escreve o diário, o personagem-narrador ou o Horla? O escritor ou o leitor?

Ora, dessa submissão mortífera o personagem sairá justamente *graças à literatura*: é num certo jogo concernindo à posição de leitor e de escritor que o homem terá a convicção de que pode alcançar o Horla e matá-lo. Num primeiro momento, o protagonista lê, antes de se deitar. Num segundo momento, tendo dormido por algum tempo, é despertado por não sabe que "emoção confusa e estranha", e vê as páginas do livro se moverem, como se a criatura invisível as estivesse passando.[13] O outro lê, está ali, *sentado em seu lugar* – num salto furioso, assalto de fera sobre seu domador, o homem se joga sobre seu Senhor. Terá então a impressão de que este foge, atemorizado, o que o encorajará a conceber um plano: atraí-lo *fingindo escrever* (será a escrita uma armadilha de "pegar" o outro?). Sentindo que o Horla lia por cima de seus ombros, ele volta-se subitamente tentando agarrá-lo, e então se depara com o grande espelho de seu armário onde ele, assustadoramente, não vê sua imagem refletida: "Minha imagem não estava lá... é isso mesmo e eu estava diante dele! Eu via de alto a baixo o grande vidro límpido. E olhava para aquilo com um olhar alucinado; e não ousava mais avançar, não ousava mais fazer qualquer movimento, sentindo, no entanto, que ele estava lá, mas que me escaparia de novo, ele, cujo corpo imperceptível havia devorado o meu reflexo."[14]

É ao não se perceber a si próprio no espelho que o protagonista-escritor "o vê", o outro, leitor invisível a ser capturado. Este só aparece como o que eclipsa o reflexo do homem no espelho, ou torna opaco o espelho em que o sujeito se mira para certificar-se da presença do outro. O eu, por sua vez, desaparece dando lugar ao outro, mas não se despedaça nessa operação – muito pelo contrário, ele é estranhamente confirmado em sua presença oculta. Assim, no momento seguinte, o outro pode desaparecer dando novamente lugar à aparência do eu, no espelho: "Era como o fim de um eclipse. O que me ocultava não parecia possuir contornos claramente definidos, mas uma espécie de transparência opaca que ia clareando pouco a pouco. Pude, enfim, distinguir-me completamente, assim como faço todos os dias ao me olhar."[15]

Distinto completamente, assim como todos os dias ao se olhar, o personagem poderá então levar a cabo seu plano derradeiro de trancar o Horla em seu quarto e atear fogo à casa. Bela vitória seria, compondo um final feliz, se o conto não se concluísse decretando magistralmente a insistência de uma alteridade radical, ineliminável, condenando o eu ao desaparecimento (ainda que de forma intermitente): "Não... não... sem dúvida alguma, sem dúvida alguma... ele não morreu... Então... então... vai ser preciso agora que eu me mate!"[16]

Já em Guimarães Rosa, a volta da imagem se faz lentamente – no início, depois de "uma ocasião de sofrimentos grandes", aparece apenas uma luzinha tênue, comovente, ondeante. Por fim, muito mais tarde, quando o personagem "já amava":

> E... Sim, vi, a mim mesmo, de novo, meu rosto, um rosto; não este, que o senhor razoavelmente me atribui. Mas o ainda-nem-rosto – quase delineado, apenas – mal emergindo, qual uma flor pelágica, de nascimento abissal... E era não mais que um rostinho de menino, de menos-que-menino, só. Só.[17]

Esses modos de (re)aparecimento ensinarão algo sobre a (re)velação envolvida na arte? O "transparente contemplador" de Rosa é despercepção total do eu frente ao que se ergue na contemplação – posição que representa talvez o ideal do realismo, o de um observador totalmente imparcial, mas que em Rosa é evocada justamente para ser melhor denunciada: o por ninguém "contemplado" revela-se aí como sendo rigorosamente *nada*, lume frio do espelho que nada alumia. A "transparência opaca" que esconde o eu no espelho de Maupassant, por sua vez, é aparecimento maciço do outro sob o modo de uma *in*transparência radical que não permite ao eu ver-se refletido no outro do espelho. Entre um e outro, compõe-se um jogo especular onde a imagem se oferece alternadamente como re-conhecimento do eu e surgimento do outro irreconhecível, num *trans-parecer* que é um aparecer transitivo, em trânsito de um ao outro.

Residirá nesse *transe* a força da mimese – para além de uma suposta submissão da imagem a uma realidade (um outro) a ela preexistente? Neste sentido, uma obra não revelaria, desde que "bem" lida, compreendida ou interpretada, algo independente dela própria – o inconsciente do autor, por exemplo –, mas consistiria num paradoxal desvelar velando, num movimento de reconhecimento e estranhamento simultâneos, ou intermitentes. *Entre* reconhecimento e estranhamento, o eu dividido que a literatura põe em movimento seria o de Mário de Sá-Carneiro: "Eu não sou nem um nem outro/Sou qualquer coisa de intermédio ... ."[18]

Ser eu sendo outro

Imitar, como nos ensinam as crianças ao brincarem, é ser eu sendo outro. Em seu controvertido "Para além do princípio do prazer", de 1920, Freud vê no jogo com um carretel que inventa seu neto, de um ano e meio, a estrutura mínima da atividade lúdica. Trata-se do famoso jogo do *fort-da*: o menino faz desaparecer o carretel, emitindo o som "óóó", próximo do *fort*, advérbio alemão significando "longe". Num segundo momento, ele traz para si o objeto, emitindo um jubiloso *da* (algo como "aí está!"). O pai da psicanálise entende esse jogo como "encenação" da ausência da mãe da criança. O menino estaria repetindo a partida da mãe, numa tentativa de adquirir um controle sobre esta situação – a repetição estaria aqui a serviço do eu, ou melhor, estaria conformando o próprio eu.

Nessa encenação pulsional, o controle da situação "traumática" parece permitir um desfecho de satisfação, segundo o princípio de prazer: trazer de volta o carretel ("*da*!"), reencontrar a mãe. Mas a primeira parte do jogo, a encenação da partida, o retorno repetido da ausência, também aparece sozinha. O menino brinca incansavelmente de "fazer mamãe ir embora", sem necessariamente "fazer mamãe voltar". Isso indica um funcionamento pulsional que vai além do princípio de prazer: a compulsão à repetição aparece com toda a sua força, como repetição reiterada que não visa uma perspectiva de satisfação da pulsão, mas gira sobre si mesma, num movimento de "*desejo de não-desejo*" que é o da pulsão de morte, segundo a expressão de Piera Aulagnier.[19] Esta pura compulsão à repetição contrasta com o dito "jogo completo", que simboliza a ausência da mãe, fazendo-a presente sobre fundo da ausência. Entre os dois tempos, o da repetição e o da simbolização, há uma descontinuidade, uma mutação que Freud não chega a articular claramente. Como se passa da compulsão à repetição, que ecoa sem cessar o mesmo, a uma transformação do mesmo, criadora de um outro?

Um terceiro momento do jogo do *fort-da* pode nos ajudar a elaborar uma resposta a essa pergunta. Trata-se de uma cena relatada incidentalmente por Freud em uma nota de rodapé, e que tem sua importância ressaltada por Jean Florence em seu estudo sobre a identificação: a criança brinca de fazer desaparecer sua imagem num espelho de parede, abaixando-se diante dele.

> Certo dia, a mãe da criança ficou ausente por diversas horas; à sua volta, foi recebida com as palavras "bebê o-o-o-ó!", a princípio incompreensíveis. Contudo, logo se viu que, durante este longo período de solidão, a criança havia encontrado um método de fazer desaparecer a si própria. Descobrira seu reflexo num espelho de corpo inteiro que não chegava inteiramente até o chão, de maneira que, agachando-se, sua imagem no espelho estava "fort".[20]

Esta história é a contrapartida – ou a vertente negativa, como diz ainda Jean Florence – do famoso estádio do espelho de Lacan, onde o *infans* encontra sua imagem.[21] O momento de re-conhecimento de si no espelho inaugura, como sabemos, o registro imaginário, e implica a dimensão do Outro como suporte – frente ao espelho, a criança se volta para aquele que a sustenta para pedir seu assentimento. Já o jogo de fazer-se desaparecer implica uma reflexividade, um certo domínio do eu sobre o próprio eu – numa situação que traz uma nova luz sobre a função de domínio (*Bewältigung*) indicada por Freud na compulsão à repetição. Pois fica claro que não se trata, aqui, de uma tentativa de controle narcísico, de uma busca de governo aplicada pelo eu, *a posteriori*, ao traumatismo, mas de um *enfrentar(-se)* constitutivo do próprio eu.[22] Trata-se de uma operação em que o sujeito se constrói justamente ao se desprender de sua imagem – não para encontrar "outra coisa" que não uma imagem, mas para se ver alternadamente como eu e como outro na imagem, num constante "trans-parecer" que não se deixa estancar nem num aparecimento nem num desaparecimento definitivo.

O termo "dominação" só pode ser mantido, nesse contexto, se infletido no sentido de "direção", como chamamos o trabalho realizado por um diretor de teatro. A metáfora é do próprio Freud: o jogo do *fort-da* é, como vimos acima, uma *encenação* do desaparecimento e da volta da mãe. Esta encenação está intimamente ligada a uma imensa realização cultural da criança: a renúncia pulsional que ela efetua ao deixar, sem protestar, a mãe partir.

Com o (des)aparecimento do menino no espelho, temos o pivô da passagem da pura repetição compulsiva à simbolização criadora, do "repetir" ao "encenar". Simbolizar seria então imitar:

tornar "cena" uma repetição. Encenar, ou seja: repetindo, *tornar-se outro.*

Estas elaborações talvez possam ser aproximadas da visão de Aristóteles a respeito do "imitar" como causa ou origem da *poiésis*:

> Ao que parece, duas causas, e ambas naturais, geraram a poesia. O imitar (*miméomai*) é congênito no homem (e nisso difere dos outros viventes, pois, de todos, é ele o mais imitador e, por imitação, apreende as primeiras noções), e os homens se comprazem no imitado.[23]

A mimese deve ser vista, nessa perspectiva, antes como *ato*, mais do que como indicação de que a poesia se refere necessariamente a algo que a ela preexiste, e que ela reproduz. Pois se a mimese re-produz, trata-se da produção repetida não de uma "coisa", mas da reprodução de uma ação: ação criadora do eu, a partir de uma imisção entre pulsão de vida e pulsão de morte. Tal ação envolve, portanto, uma transformação no âmbito do funcionamento pulsional: de uma repetição compulsiva visando um silêncio absoluto da pulsão é engatado um movimento no qual o eu pode se *com-prazer.*

Ao se re-produzir, a mimese produz um eu-outro. É enquanto eu-outro que o poeta, ou o artista, interessa à arte, e não enquanto "eu mesmo". É apenas ao se duplicar, ao ser tomado numa descontinuidade em relação a si mesmo, que o poeta exerce propriamente o seu mister. Homero é o único louvado por Aristóteles como conhecedor dessa condição: "O poeta deveria falar o menos possível por conta própria, pois, assim procedendo, não é imitador (*mimetés*)."[24] A essência da mimese parece estar intimamente ligada a tal desaparecimento duplicador do eu.

O espetacular aparece, assim, como uma problematização do especular. E a literatura, ou a arte em geral, como tendo o poder de colocar em jogo o espelho – ou melhor, de acionar o jogo em que consiste o especular, criação do eu-outro e de todas as suas imagens.

A palavra tornada outra

A experiência-limite de desaparecimento no espelho, essa espécie de "salto mortal", Guimarães Rosa também a aplica à linguagem mesma, a *trans-figurando*, ou seja: tornando-a imagem.

> Depois, o "salto mortale"... – digo-o, do jeito, não porque os acrobatas italianos o aviventaram, mas por precisarem de toque e timbre novos as comuns expressões, amortecidas...[25]

Sabemos da busca, empreendida por Rosa com afinco e genialidade, do "ileso gume do vocábulo pouco visto e menos ainda ouvido, raramente usado, melhor fora se jamais usado".[26] A linguagem será por ele *alterada* – tornada *alter*: outra – com o uso de neologismos e diversos procedimentos narrativos que lhe conferirão um precioso toque de estranheza.

A palavra tornada *outra*: não seria esta uma definição minimalista da metáfora?

Em sua *Poética*, Aristóteles afirma que "a metáfora é o transporte (*metaphorà*) para uma coisa do nome de outra".[27] Esta outra coisa deve contudo manter com a primeira uma relação de *analogia* (ou uma relação de gênero para espécie, segundo a classificação aristotélica que não distingue aí a metonímia da metáfora). A metáfora mantém então uma tensão entre o mesmo e o outro, tensão esta que já indicamos na noção de mimese: imitação que torna outro. Metáfora (transporte) e mimese (imitação) aparecem nessa perspectiva como noções solidárias, ambas se situando no entre-dois, no trânsito de um a outro, gerando um eco capaz de transformar o mesmo no outro e o outro no mesmo, numa reverberação transitiva ou, para empregar ainda um termo usado por Rosa, numa *transverberação*.

Esta palavra significa, segundo o *Grande Dicionário Aurélio*, "fazer transparecer; deixar passar (luz, cor etc.); refletir". Ela é quase sinônima de *reverberação*, não fosse o puro eco do *re-* substituído pelo movimento do *trans-*. Podemos ler no termo *transverberação* uma reverberação transposta, transformada, ainda que minimamente, por uma pequena dissonância, um imperceptível deslocamento transversal. Tal trans-verberação aparece em "O espelho" como meio necessário para se transitar do outro ao um ou, mais exatamente, para se atravessar a "máscara":

> Sendo assim, necessitava eu de transverberar o embuço, a travisagem daquela máscara, a fito de devassar o núcleo dessa nebulosa – a minha vera forma.[28]

Mas se a máscara (que é *o um* – ou *o outro*) termina por cair, o que se descobre é que ela nada oculta e nada revela a não ser a própria travessia – de um a outro.

Travessia, aliás, parece ser um termo-chave na obra de Guimarães Rosa. No conto que comentamos ele não aparece, mas talvez se faça ecoar (transverberar?) na palavra "impermanência".[29] É ele, no entanto, que fecha o magistral *Grande sertão: veredas* – ou melhor, é ele que *não fecha* o *Grande sertão*, sendo seguido do símbolo matemático de infinito, espécie de oito horizontal que sinuosamente remete a um transcorrer perpétuo do mesmo percurso (espelhado).[30]

> O diabo não há! É o que eu digo, se for... Existe é homem humano. Travessia.

Para fazer referência a outra grande e famosa obra de Rosa de que trataremos em nosso último capítulo, direi ainda que além do "ou um ou outro" não está senão a terceira margem do rio, constante travessia.

O tempo, "mago de todas as traições"

A travessia proposta pela literatura não pode, contudo, ser transição sem restos do "um" ao "outro" – pois o "um" se encontra irremediavelmente, como nos ensinou "O espelho", multiplicado no espelho, logo, perdido como "um". Para utilizar o termo freudiano, este "um" é tornado *unheimlich* – estranhamente familiar, outro no "um". A travessia se dá do outro ao outro, sem que eles se reencontrem e reconciliem num "um" total, ela não é mais que passagem, repetida porém cambiante, transverberante.

"Tudo o que passa não é mais que metáfora", escreve Goethe.[31] Ao que passa, a este *Vergängliche* de Goethe, está possivelmente aludindo um pequeno texto freudiano chamado "Sobre a transitoriedade" (*Vergänglichkeit*), segundo o editor francês das *Oeuvres complètes*. Freud relata aí um passeio, numa bela paisagem de verão, realizado com dois amigos, provavelmente Rainer-Maria Rilke e Lou Andreas-Salomé, ainda segundo o editor francês. O jovem poeta, apesar de admirar a natureza à sua volta, dela não se comprazia, por lhe perturbar a idéia de que aquela beleza terminaria no inverno, assim como fenece a beleza humana e tudo o que o homem pode criar de belo e nobre. O pai da psicanálise, por sua vez, não compartilha daquele pessimismo que desvaloriza o belo devido à sua transitoriedade; ao contrário, indica que a condição passageira do belo é a ele inerente, e necessária a seu efeito:

> O valor de transitoriedade é um valor de escassez no tempo. A limitação da possibilidade de uma fruição eleva o valor dessa fruição.[32]

A efemeridade se conjuga assim, de maneira delicada, à beleza e à arte. O belo não apenas está sujeito a uma finitude, como nesta se inscreve, dela retirando sua força. A atitude de Freud diante da transitoriedade (*passagèreté* é o termo francês adotado nas *Oeuvres complètes*) não é de simples resignação ou pessimismo, mas de uma aceitação mesclada de nostalgia e esperança. Trata-se de um texto profundamente otimista, exortando à reconstrução da cultura devassada pela Primeira Guerra Mundial, ora em curso; ele é escrito para uma coletânea editada em homenagem à "terra de Goethe", que deveria levantar fundos destinados a reerguer a Prússia Oriental. A atitude representada por Freud dá testemunho de um "trabalho de luto": trabalho psíquico de perda do objeto, que envolve um intenso investimento libidinal do objeto, para que enfim a libido possa (dele) se liberar e encontrar novos caminhos. Tal trabalho se mostra, neste texto, como sendo a condição psíquica para que da transitoriedade se vislumbre o belo, se faça sentir a fruição estética.

O poeta da história contada por Freud, por sua vez, encontra-se numa posição de obstinada revolta contra a perda iminente que a arte anuncia. Ele parece querer se situar no instante, num instante perpétuo, inflado a ponto de abarcar todo o tempo, ou seja, tornar o tempo o contrário do que ele é: seqüência de instantes perdidos. Em contraponto a esta posição, Freud situa-se como analista, afirmando: "o que é penoso pode ... ser verdadeiro".[33] Seriam estas duas atitudes, a do poeta e a do analista, posições opostas? Ou seriam complementares?

Talvez elas sejam opostas *e* complementares, mas não sob um modo estanque. São alternantes, trazendo uma possibilidade de oscilação de uma à outra. Indicam uma pulsação de uma à outra, num movimento que é, decididamente, o *leitmotiv* de tudo o que tem sido tratado aqui. Entre uma revolta contra a perda (próxima do "trabalho" que Freud caracterizou como melancólico em "Luto e melancolia", escrito alguns meses antes de "Sobre a transitoriedade") e um "trabalho de luto", os homens oscilam, raros sendo os que se situam duradoura e exclusivamente em uma só das duas possibilidades. Assim, se o poeta de que fala Freud rebela-se intensamente contra a perda, não se pode disso concluir que existe uma posição subjetiva própria ao artista, e que esta seria "melancólica". Daremos direito de voz a Rilke – aceitando que seja de fato ele o "poeta" em questão –, e ele nos fará ouvir a polifonia que sua obra veicula, impossível de reduzir a uma única atitude psíquica:

> Minha vida não é essa hora abrupta
> Em que me vês precipitado
> ...
> Sou a pausa entre duas notas
> Que a muito custo, só, se conciliam:
> Pois a da morte quer soar mais alto –
>
> Mas no escuro intervalo se harmonizam,
>
> Ambas vibrantes.
>
> E é bela a canção.[34]

Aí o poeta situa-se como *intervalo* entre duas notas, espaço de transição onde elas podem vibrar em cântico, numa reconciliação virtual e instável.

De uma metáfora a outra

Voltando ao passeio da "transitoriedade", o jovem Rilke estaria ali ansiando pelo que um paciente do psicanalista argentino Carlos

D. Pérez chama "a grande palavra", por ele buscada numa fala atropelada, amontoando os sons numa busca de coincidência total. "Quero dizer tudo apressadamente", revela esse analisando, que não suportava a "mutilação" do fim de cada palavra, no silêncio de onde pode surgir a próxima palavra.[35] Pérez observa, argutamente, que "a grande palavra" indica um funcionamento não metafórico, mas sintomático. Ela é o inverso da *palavra outra*, fluida, transversa, atravessadora.

De um ao outro: do sintoma à metáfora, Pérez aponta no entanto uma passagem possível. A grande palavra, "se fosse devolvida ao transcurso, revelar-se-ia poética, metafórica". Necessária a esse trânsito do sintoma é a *interpretação*, capaz, segundo ele, de restituir a grande palavra "à correnteza, cratilizá-la, única condição para que mais outras sejam, decorram".[36]

Uma primeira *grande palavra* metaforizada parece então trazer outras novas metáforas, numa espécie de corrente. Mas como a interpretação analítica teria o poder de tornar outra essa primeira palavra? Ora, justamente ao funcionar como uma metáfora. Aqui, trabalho analítico e trabalho da poesia (*poiésis*) se refletem, em espelho, no que diz Octavio Paz do último:

> Descobrir a imagem do mundo no que emerge como fragmento e dispersão, perceber no uno o outro, será devolver à linguagem sua virtude metafórica: dar presença aos outros. A poesia: procura dos outros, descoberta da *outridade*.[37]

A metáfora traz em si um enorme poder de metaforização. O motor e a condição para que isso ocorra, em análise, é a transferência, que não é presença, mas uma certa presença na ausência. Não se pode matar ninguém *in effigie*, mostra Freud: a presença do infantil é necessária em análise. Ao mesmo tempo, o analista "não é o pai", nem a mãe, ou seja lá quem for. Ele não está presente senão como *outro* – um outro já perdido, e a ser buscado, mas que ao se deixar eventualmente vislumbrar já é outro, como no conto de Guimarães Rosa. Talvez ele não passe, como Freud diante de Rilke, de um partidário da transitoriedade, ou eu diria com Pérez, parafraseando Cortázar: um alguém acenando com seu lenço "numa continuada despedida de alguma coisa que não sabe o que é, dizendo adeus a tudo que é criado e se desfaz no instante".[38]

A "presença" transferencial é transitória, passageira (de que meio de "transporte"? Da linguagem, provavelmente), e portanto permite uma trans-verberação do infantil, deslocando mínima mas firmemente a re-verberação sintomática.

Transferências

Em "A dinâmica da transferência", Freud liga a transferência à existência de um *clichê*, uma especificidade no modo de "praticar a vida amorosa", que é repetido, "constantemente reimpresso no decorrer da vida da pessoa, na medida em que as circunstâncias externas e a natureza dos objetos amorosos a ela acessíveis o permitam".[39] O *setting* analítico se constitui de maneira a permitir que esse clichê se reimprima, para o analista sendo endereçados investimentos libidinais correspondentes a esse protótipo, esse modo específico de constituição subjetiva do analisando. Mas "se a transferência é mesmo um 'endereçar a'", como lembra Pontalis, "seu destinatário é sempre *outro*". Ao contrário de constituir uma determinada posição onde é colocado o psicanalista, "a transferência é movimento", sentencia este autor.[40]

Übertragung tem a conotação, que o termo em língua portuguesa não mantém, de "trânsito reversível e maleável por um 'arco' que interliga o ponto de origem e o ponto de destino".[41] O movimento é aí prevalente, enquanto no termo português *transferência* está em destaque o ponto de destino, o ponto de origem tendendo a se apagar. Luiz Hanns enfatiza no verbo *übertragen* a idéia de "transpor para", não numa direção única, num processo unidirecionado, mas num trânsito reversível entre duas posições. Tal trans-posição parece-nos remeter então, fundamentalmente, a uma *posição transitiva*, entre o passado e a atualidade, entre o longe e o perto, entre uma pessoa e outra.

A transferência é transporte. Ela indica um movimento recorrente, que se dá segundo certos caminhos preestabelecidos; isto não significa, contudo, que ela seja pura repetição. A transposição de uma posição à outra – do "ponto de origem" ao "ponto de destino", segundo os termos escolhidos por Luiz Hanns – é potencialmente capaz de abrir novas vias de realização do outro. Ou, como diz Pontalis:

> Pela análise, a linguagem é desligada de toda função. Ela é como que devolvida à sua força e imperfeição inatas. Ela conduz ao que lhe escapa. Ela é transportada fora de si, ela é transferência.[42]

A linguagem é transferência, em análise. Esta afirmação bastaria para denunciar os limites de se conceber a transferência como mera imagem ou imago pregnante, clichê repetido. Não se trata, na transferência, de um espelho que não faz mais que refletir o mesmo, mero engodo imaginário (que a análise teria como objetivo corrigir), mas de dois espelhos quase paralelos, abertos "em ângulo propício", fazendo "jogo", como no conto de Guimarães Rosa. Ou seja, se o analista aparece em espelho, este é lâmina cortante. Ou este espelho é, em si mesmo, duplo: refletor e opaco. Se falamos aqui de espelho, é importante frisar que não se trata de identificar as figuras do analisante ou do analista como espelhos, mas de caracterizar a própria situação analítica como constituindo um jogo de espelhos. Pois o essencial se passa, aí, entre-dois, na transferência. Nesse sentido, a análise consistiria não num descobrir o outro (o inconsciente) no eu, mas num *transparecer* do outro, num jogo de espelhos sem fim, que suscita uma simbolização criadora, uma *encenação* no sentido forte que demos, com Freud, a este termo: um *tornar-se outro*. O que o entre-dois reflete, ou melhor, *realiza*, é estranho e familiar, inquietante, é busca e construção de caminhos intrincados, múltiplos mas limitados. Pois, como lembra Jorge Luís Borges, "bastam dois espelhos opostos para se construir um labirinto".[43]

Essa caracterização do trabalho de análise está muito próxima do que se poderia chamar de trabalho da literatura. Na nossa perspectiva, os dois poderiam ser denominados trabalho do estranho (*Unheimliche*), ou ainda simplesmente *trabalho da transferência*, na expressão de Pontalis. *Trabalho* é usado aqui no sentido em que Freud fala do "trabalho do sonho", como trabalho psíquico que conforma imagens e cria símbolos. Tal trabalho não tem como agente o eu ou o consciente, ou ainda o inconsciente – que, como admite Freud ao apresentar sua segunda tópica, é uma noção descritiva que indica um estado psíquico, ou seja, não pode ser tomada como agente de uma ação psíquica. Esse trabalho psíquico não tem um agente predeterminado – parece, antes, que é o próprio trabalho, ao se fazer, que define o seu sujeito.

Esse trabalho psíquico de *transporte*, que se reflete, com alguma modificação, nos termos freudianos de elaboração e perlaboração, poderia ainda ser dito um "trabalho de impressão", no sentido de uma operação entre-dois que imprime, a cada momento de sua transformação, marcas que conformam seu agente e seu produto. *A cada momento* de sua transformação, ou seja, fugidiamente, transitoriamente, mas deixando marcas que dão ao tempo sua *espessura* (para Pontalis, o trabalho de transferência "dá ao tempo sua espessura"[44]). É desnecessário dizer que tal trabalho é interminável, uma vez que ele chega quase a coincidir com o tempo que passa.

CAPÍTULO 2

"A menina de lá" e o desejo do analista

Palavras apenas mágicas.

Guimarães Rosa

Nhinhinha

"A menina de lá" encontra-se, no conto de Guimarães Rosa que leva este título, atrás da serra do Mim. Ela fala pouco, e o que diz não se entende muito – ela talvez seja seu tanto tolinha –, mas assombra ou desconcerta. "*Jaboticaba de vem-me-ver*", ou "*tatu não vê a lua...*", diz por dizer, joga as palavras ao vento. "*A gente não vê quando o vento se acaba...*". Isso de que ela fala é coisa pouca.

> Ou referia estórias, absurdas, vagas, tudo muito curto: da abelha que se voou para uma nuvem; de uma porção de meninas e meninos sentados a uma mesa de doces, comprida, comprida, por tempo que nem se acabava; ou da precisão de se fazer lista das coisas todas que no dia por dia a gente vem perdendo. Só a pura vida.[1]

Aquilo que se vem perdendo, toda a vida, é talvez justo o que aquela menina encarna, Nhinhinha como é chamada, simples tanto quanto enigmática e tocante. A própria poesia, vagabunda, errante e precisa a um só tempo. O que fazia a menina? Ela responde, demorada: "*Eu... to-u... fa-a-zendo.*" "Fazia vácuos", segundo o narrador. Um pouco adiante, porém, ela mesma precisará: "*Eeu? Tou fazendo saudade.*"

O que ela diz não é em si extraordinário ou desprezível, mas tem um efeito curiosamente questionador, faz vacilar a própria escuta, tornando-a talvez falante, ou poética, metafórica: "O que falava, às vezes era comum, a gente é que ouvia exagerado: – '*Alturas de urubuir...*' Não, dissera só: – '*... altura de urubu não ir.*'" Entre o pasmo e a familiaridade de suas palavras, o ouvinte/leitor de Nhinhinha se agita e se torna, talvez contra sua vontade, ele mesmo poeta: "O passarinho estivera cantando, e, no escorregar do tempo, eu pensava que não estivesse ouvindo; agora ele se interrompera. Eu disse: 'A avezinha.' De por diante, Nhinhinha passou a chamar o sabiá de '*Senhora Vizinha...*'."

Um dia, a menina deu de fazer milagres. Nada grande ou espalhafatoso, mas o tanto de suas palavras. "*Eu queria o sapo vir aqui.*" E entra em casa, de súbito, a rã brejeira, pulo por pulinho, direto para os pés de Nhinhinha. Num outro dia, "*Eu queria uma pamonhinha de goiabada...*", e pouco depois aparece na fazenda distante uma vendedora dos docinhos. A fala de Nhinhinha se pusera a desdobrar sua mágica. Faz-se o que a palavra evoca, o que o desejo delineia, o que se escreve.

A palavra é mágica – não seria essa a condição sobre a qual se constrói toda literatura, e, ao mesmo tempo, este o efeito de toda ficção?

É este mesmo poder da palavra que a psicanálise explora, e é dele que ela tira sua eficácia, sua força. Em "A questão da análise leiga", Freud descreve o método analítico nas seguintes palavras: "Não se passa entre eles [analista e analisando] nada mais do que isto: eles falam um ao outro".[2] Mas isso não é pouco. "Afinal, lembra Freud, a palavra era, originalmente, um encantamento, uma ação mágica, e conserva ainda muito de sua antiga força."[3]

Essas palavras, porém, não estão aqui, ao alcance da mão, há que escrevê-las ainda, mesmo que se suponha que já estejam inscritas em um lugar – *lá*, em algum lugar por trás do mim, no inconsciente. As palavras "mágicas", capazes de transformar alguém, de fazer sonhar, de conformar o desejo, de pôr em movimento um sintoma, essas palavras são comuns, sem dúvida, mas também únicas, singulares. Elas vêm de *lá*, não se sabe bem de onde – talvez de uma menina, de tempos passados, de uma infância onde rebrilham votos magicamente realizados... Essas palavras, em sua "transloucada candura", segundo a expressão de Henriqueta Lisboa,[4] não carregam justamente o que um dia esteve *lá*, e se perdeu, para seguir sempre fazendo saudade?

A própria Nhinhinha desaparecerá, e desaparece ao longo de todo o conto, enquanto encarnação da palavra mágica. "*Deixa... Deixa...*", ela sorria, diante de novidade, pedido insistente ou zanga, suave, "suasibilíssima, inábil como uma flor". Ou "Suspirava, depois: – '*Eu quero ir para lá.*' – Aonde? – '*Não sei.*' Aí, observou: – *O passarinho desapareceu de cantar...*" De falar ela desaparece a cada palavra sua, e desaparecerá de fato, morrerá subitamente: "E, vai, Nhinhinha adoeceu e morreu. Diz-se que da má água desses ares. Todos os vivos atos se passam longe demais."

De cantar se desaparece... para onde se vai? Para lá, um lugar sempre em movimento, sempre lá, nunca mais aqui; um lugar que não é mais que uma promessa, uma suposição, para situar alguém que não está em lugar nenhum, que é o próprio trânsito entre lugares, a própria transferência.

Um barquinho

Um dia eu esperava um "menino" de longe, que ainda não aceitava ficar ali, comigo, um pouco, o tempo de uma sessão de análise. Ele tinha pressa de voltar para "lá", para sua infância talvez, ele que já era um menino grande.

Já vinha há alguns meses me ver, mas era sempre numa suspensão que eu o esperava: virá? Ele parecia pairar sobre o tempo; impossível lembrar dia e hora do nosso encontro. Na noite anterior a uma sessão com ele, sonhei que tinha um consultório em uma cidadezinha histórica distante algumas horas de minha casa. Eu tinha que ir até lá para atender um rapaz. Chegava na cidade carregando uma menina, minha filha, e ia depositar minhas coisas na loja de uma conhecida. Tinha que me despojar de minhas coisas, parecia, para poder livremente andar pela vila. Saía de lá vestida de maneira displicente, e me punha a vagar, sempre carregando a menina. Logo percebia, com espanto, que já era hora da sessão, e pior: que tinha marcado no mesmo horário outra sessão, com outro paciente, em minha cidade. Eu tentava reencontrar o estabelecimento onde estavam minhas coisas, sem sucesso.

Buscava desesperadamente uma solução, em uma atividade mental febril. Avistei o paciente e dele me escondi, com vergonha de minha aparência e de ter uma criança nos braços. Tentei comprar uma roupa em tendas de vendedores ambulantes, quando notei que não tinha dinheiro algum.

Atordoada, acordei me pendurando com esforço em uma borda do abismo deste sonho. O sonho queria me guardar, me manter no lugar de onde ele veio. Pensei no quanto era precária a minha situação, errante, deslocada e errando numa cidade do passado, carregando minha criança... E que era assim mesmo, me sabendo precária, e só assim, que eu poderia me prestar a ir com o menino para *lá*... não sei bem para onde, no caminho errante de sua análise.

Ainda ao despertar, vindo à tona, lembrei de outro sonho, feito tempos antes. Eu estava em uma canoinha bem singela, no meio de um rio profundo e caudaloso, se bem que límpido, transparente. A canoa girava, girava em torno de uma espécie de cascata circular, um verdadeiro buraco no meio do rio. Provavelmente não ia cair, mas eu me sabia próxima do abismo, sempre, circundando-o, desenhando-o em meu perpétuo e precário navegar.

Na época, vi neste sonho uma caricatura do aforismo lacaniano segundo o qual "o inconsciente é um pequeno barco". Interpretei-o como uma espécie de ponto final, ponto final de análise que é ele mesmo movimento perpétuo, circular talvez, e não firme ponto de chegada. Vi-me, no sonho, em uma terceira margem – para aludir ao também maravilhoso conto de Guimarães Rosa – e este terceiro lugar, que não é nem aqui, nem lá, e nem é bem um lugar, poderia indicar a instável posição do analista. Em um lugar distante da terra firme, um lugar que não é propriamente uma margem, mas é o próprio navegar, vagar, errar. *Lá*, na terceira margem.

Mas se o inconsciente não é mais que um barquinho, e a análise consiste apenas em embarcar e acompanhar sua deriva, uma queda d'água no rio se esconde, perigosa, atraindo e pondo em movimento seu leito, reversa e talvez inatingível. Não é fácil pôr-se à deriva. É grande o risco de se tentar manter a criança aqui – a menina em meus braços, no sonho –, de se aprisionar a menina de lá. De se fazer dessa queda d'água firme âncora, umbigo perpétuo. De trancar a deriva, alcançar a margem, não dar ouvidos ao sonho que, ele, veio *sabe-se lá de onde*, e em vez disso procurar na teoria um porto seguro.

Mas perto do ponto de queda, umbigo que se retorce e leva a um lugar impossível, buraco, só nos resta girar mais uma vez, e sempre, não com a pretensão de atravessá-lo, mas, simplesmente, deixando que o giro se faça – fazendo saudade.

Saudades

Só ousei, aqui, expor sonhos, e convidar o leitor a dar mais atenção à minha vida psíquica do que ela mereceria, por acreditar que essas formações do inconsciente podem dizer algo sobre o efeito mágico das palavras de Nhinhinha, sobre o seu "canto", suas reverberações e o desaparecimento que ele necessariamente opera, à maneira do "passarinho que desaparece de cantar". Porque me parece que o sonho – transferencial sem dúvida, tanto quanto seria um sonho do paciente com a sua analista – permitiu naquele momento que eu retomasse e assumisse a posição do analista, o que se refletiu no trabalho com esse paciente.

Atualmente os psicanalistas tendem a evitar escrever "estudos de caso" e limitam-se a fazer eventuais e breves relatos de atendimentos, enfocando privilegiadamente o analisando, sua história, seus sintomas. É certo que dificuldades inerentes à natureza do trabalho analítico apresentam-se contra a escrita: não é possível transcrever fielmente o que se passa em uma análise, e a transposição em relato de um trabalho tão efêmero e delicado muito deixa a desejar. Talvez esteja também em jogo uma certa relutância do psicanalista em se expor, visto tratar-se de uma atividade em que ele se implica tão intimamente, apesar de toda a abstinência que pratica. Ou justamente graças à abstinência que ele pode praticar, pois quanto "melhor" analisado o analista, segundo Lacan, maior a possibilidade de que ele esteja em relação a seu paciente "francamente amoroso ou francamente tomado por um estado de aversão, de repulsa".[5]

Freud aponta como essencial à escrita do analista o reconhecimento do poder da transferência, ou seja, do risco que sua posição de analista implica. É tomado pela transferência com Dora que ele escreve:

> Quem, como eu, invoca os mais maléficos e maldomados demônios que habitam o peito humano, com eles travando combate, deve estar preparado para não sair ileso dessa luta.[6]

Assumindo este risco, o analista se faz presente, e sua "presença" é ela própria, como diz Lacan, uma "manifestação do inconsciente".[7] Tal presença diz respeito fundamentalmente à palavra do analista. O que diz ele? O que Nhinhinha diz, no conto de Guimarães Rosa, em sua presença silenciosa, é vago e absurdo, não parece se prestar a nada, está à beira da tolice. Mas o que ela fala reacende o poder mágico, transformador da palavra, essa infância da palavra que faz de "altura de urubu não ir" a poesia: "*alturas de urubuir*". Diante de Nhinhinha, da presença que é sua fala, é o narrador do conto que se fará poeta.

O que a fala do analista torna presente é desejo. A fala vinda de lá (do inconsciente, sem dúvida, da transferência...) que é meu sonho talvez também possa emprestar novas palavras ao obscuro fator que Lacan denomina "desejo do analista", caracterizando-o, em última instância, como "o que opera na psicanálise".[8] Seria tal desejo do analista capaz de suscitar a magia das palavras, explorar sua inquietude, despertar na associação livre um sujeito-poeta? Este desejo talvez clame por novas palavras, ele que é inominável:

> Este desejo do analista, não direi de modo algum que não o nomeei ainda, pois como nomear um desejo? Um desejo, o cercamos.[9]

Isto, o desejo do analista, está fora da teoria, descentrado e enigmático, e é justamente como enigma que ele pode dar ao trabalho analítico seu impulso, na medida em que não permite que este seja enfim aprisionado em fórmulas (que fariam dele uma técnica) ou na possibilidade de uma "relação intersubjetiva". O próprio trabalho analítico apresenta-se descentrado, deslocado, pois o que seria seu lastro pode apenas ser indicado, sem se deixar nunca apreender numa definição. O que define o analista como tal, o sutil ponto de referência que permitiria um certo "manejo" da transferência, não indica senão o que mais evanescente dele se apresenta: seu desejo. Ele de alguma maneira comparece na análise, na transferência, ou num sonho, como o que relatei. Mas é negativizado, tomado na abstinência, que ele pode operar. É aparecendo como despojamento de todo recurso e como inadequação do analista, em meu sonho, que o desejo pode indicar a posição do analista: sempre móvel, flutuante como uma canoa, nunca estável em uma "posição" determinada. Mas é importante reconhecer nesta leitura apenas uma dentre outras vias de associações e interpretações, sem dúvida sobredeterminadas e infinitas, que o sonho pode suscitar. Ele com certeza inclui e realiza o meu desejo, "positivo", de adquirir vestimentas, revestimentos, capazes de fazer de mim uma analista "adequada", menos precária. Mas a menina adormecida (sonhadora?), ou morta em meus braços, não me deixaria esquecer do que devo carregar, eu mesma perdida, sem milagres, sem votos magicamente cumpridos, mas portando uma transloucada candura que em todos nós pode fazer poesia.

O analista depõe seu desejo, em análise: ele o deposita e o depõe (como quem depõe suas armas), ou melhor, o desejo de que ele se reconhece sujeito o depõe, e é assim deposto, sem recursos, sem técnica, despojado como eu de minhas coisas, no sonho, que ele poderá ir para lá – embarcar na aventura de uma análise.

É justamente por ser assintótico e enigmático, mesmo ao próprio analista – pois este não detém o desejo, mas é situado por ele – que o desejo do analista desdobra-se em efeitos. Esse ponto de interrogação institui o analista como tal, estrangeiro, vindo de lá, assujeitado a um desejo outro e, por estar de passagem, podendo enunciar, nas palavras de Guimarães Rosa, "a pura vida" das "coisas todas que no dia por dia a gente vem perdendo". O desejo do analista dá lugar então, primeiramente, à angústia. Ele é, segundo o Seminário IX do psicanalista francês, "sempre presumido, jamais definido, e pode por isso mesmo, a todo instante, tornar-se esse lugar do Outro de onde surge para o analisante a angústia".[10] O desejo do analista convoca a angústia, da qual toma seu *élan* o trabalho analítico. No seminário seguinte, que incide justamente sobre a angústia, Lacan afirmará ainda que o desejo do analista

> Me põe em questão, me interroga na própria raiz de meu desejo como *a*, como causa desse desejo e não como objeto. E porque é isto que ele visa, em uma relação temporal de antecedência, que eu não posso nada fazer para romper essa captura, a não ser nela me engajar.
>
> Essa dimensão temporal é a angústia, é esta dimensão temporal a da análise. É porque o desejo do analista suscita em mim a dimensão da espera que eu estou tomado na eficácia da análise.[11]

Na espera, que para Freud define a angústia, na expectativa diante (*antes*, no original alemão: *vor*) de alguma coisa, desde que esta espera se caracterize por uma "indeterminação" e uma "ausência de objeto",[12] está não apenas o analisando, mas também o analista. A atenção flutuante não seria uma longa espera de não se sabe o quê? "*Eu quero ir para lá*", diz Nhinhinha. Para onde? "*Não sei*". O desejo do analista aponta para o que nele é errância, ou seja, uma espera que se assume como espera sem fim, de algo que nunca será um firme ponto de chegada, mas apenas o recomeço de outras intermináveis associações. Afinal, como diz Nhinhinha, "*A gente não vê quando o vento se acaba...*". Assim, em meu sonho, erro pela cidadezinha da história, do passado, e me sei *errada*.

Se na transferência o analisando suporia (como em todo amor) que o analista teria algo a lhe dar, o analista sabe, ele próprio, que nada possui. Ou melhor, ainda segundo Lacan, o analista *tem* de fato algo para dar, diferentemente do parceiro amoroso. Isto que ele tem não é mais que seu desejo. O psicanalista prossegue em sua repetida pergunta:

> O que pode ser um tal desejo, propriamente falando, o desejo do analista? Desde já, podemos no entanto dizer o que ele não pode ser. Ele não pode desejar o impossível.[13]

É de forma negativa, portanto, que se delineia o desejo. Ele se situa em torno do luto.[14] Luto quase impossível de uma infância, luto em torno do qual o desejo gira, repetidamente, refazendo perda, contornando o angustiante buraco em seu precário barquinho. O desejo do analista está à beira da angústia. E não é carregando uma criança morta que o analista poderá trabalhar? Apenas com sua própria perda o analista pode suportar a angústia e suscitar a palavra mágica, como Nhinhinha.

> Outra hora, falava-se de parentes já mortos, ela riu: – '*Vou visitar eles...*' Ralhei, dei conselhos, disse que ela estava com a lua. Olhou-me, zombaz, seus olhos muito perspectivos: – '*Ele te xurugou?*' Nunca mais vi Nhinhinha.

A estranheza ("estranhez", na pluma de Guimarães Rosa) das palavras de Nhinhinha interpela: "*Ele xurugou?*". A palavra tornada estranha põe o sujeito em questão, estranho – ela é marca, diferença. Esta diferença provocada pela palavra, e explorada em seus usos poéticos e psicanalíticos, talvez seja a diferença visada pelo desejo do analista, conforme mais uma fórmula de Lacan.

> O desejo da análise não é um desejo puro. É um desejo de obter a diferença absoluta, aquela que intervém quando, confrontado com

o significante primordial, o sujeito vem, pela primeira vez, à posição de se assujeitar a ele.[15]

Visando a "diferença absoluta", é o analista que desaparece, deve necessariamente desaparecer (e está já desaparecido, em sua poltrona, atrás do divã), enquanto surge um *sujeito à poesia*. O analista se esvanece à maneira do passarinho que "desaparece de cantar", na fala de Nhinhinha. Ele desaparece em sua fala: a palavra se encarna, ele se subtrai. A fala infantil vem de lá, carregada de palavra mágica, e o analista não pode mais estar *aqui*.

Fica apenas um sussurro antigo: "*Deixa...Deixa...*". Nhinhinha morre. Foi "um de-repente enorme. A Mãe, o Pai e Tiantônia davam conta de que era a mesma coisa que se cada um deles tivesse morrido por metade". Sua tia revela então aos pais da menina o desejo, por esta expresso algum tempo antes, de ter um caixãozinho cor-de-rosa, com brilhinhos verdes. O pai não consente, seria como "tomar culpa", ajudar a filha a morrer; já a mãe quer realizar sua vontade. Desesperados, eles discutem, até que a mãe subitamente serena, "o sorriso tão bom, tão grande", descobre que assim há de ser, como sua filhinha queria, tinha de ser! Pois já tinha sido; a palavra de Nhinhinha já o realizara. A menina desaparece, ela que desde sempre desaparecia em seu canto, para permanecer, transformada em palavra mágica e gratuita, não tanto milagrosa: poesia. Com seus brilhinhos verdes e cor-de-rosa, com delicadeza, virá o seu caixão, como for. *Deixa... Deixa...* Nhinhinha continuará fazendo saudade.

CAPÍTULO 3

Entre o que se vê e o que se escreve
"Nenhum, nenhuma" e a interpretação

... nessas tão minhas lembranças eu mesmo desapareci.
A gente deve de esperar o terceiro pensamento.
Guimarães Rosa

O verbo "interpretar" se decompõe, segundo sua etimologia latina, em *inter*, "entre", e *parare*, "igualar". Podemos, portanto, definir a interpretação como o ato de pôr em relação dois elementos distintos, evidenciando ou construindo uma semelhança entre eles. Desde a invenção da psicanálise, constroem-se entre ela e a literatura muitas interpretações. Textos literários têm sido, por vezes, objeto de interpretação psicanalítica, servindo como espelho fiel da teoria psicanalítica. Outras vezes, a psicanálise é utilizada como instrumental capaz de revestir a obra literária, oferecendo desta, eventualmente, uma outra leitura. Mas por que precisaria a psicanálise de confirmação ou ilustração literária? Sob outro ângulo, cumpre questionar se a palavra psicanalítica seria capaz de substituir a palavra literária enquanto legítima interpretação. Estaria a psicanálise apta a revelar enfim alguma verdade oculta que o texto literário por si só não poderia alcançar?

A interpretação psicanalítica assume sua origem e sua força na clínica. Aplicar este método a produções culturais está longe, porém, de ser apenas uma ampliação de seu alcance. Pois o psicanalista bem sabe que suas intervenções em análise quase nunca revestem de teoria psicanalítica a fala do próprio paciente – e geralmente ele comprova, quando por acaso isto acontece, a inutilidade de tal intervenção "teorizante". A interpretação em análise mantém com a teoria relações de difícil definição. Talvez as questões relativas à interpretação psicanalítica de obras literárias não sejam, afinal, excludentes a tal "aplicação" da psicanálise à cultura, mas digam respeito à própria interpretação em análise, reabrindo uma problematização a ela inerente. Nessa perspectiva, pôr em questão a interpretação psicanalítica de obras literárias pode nos levar a um estudo sobre a própria noção de interpretação psicanalítica, na clínica como na literatura.

Para tanto, buscarei escapar à miragem de similitude que nos faz, diante de obras as mais diversas, não ver senão metáforas da teoria psicanalítica, para, encarando a própria teoria psicanalítica como não menos metafórica, ousar de fato colocá-la em confronto com um seu *outro*. Tentarei tomar a psicanálise não como uma visão de mundo, uma compreensão geral e definitiva do homem, apta a se aplicar aos mais diversos fenômenos humanos, mas, de maneira mais modesta, como *texto*, com o ensaio/carta de Freud a Romain Rolland, "Um distúrbio de memória na Acrópole" (1936). A ele se confrontará um conto de Guimarães Rosa, "Nenhum, nenhuma" (1962). As duas obras não serão convidadas a apenas se refletirem, em espelho, mas um terceiro termo será tecido entre elas, enlaçando-as.

Primeiro tempo: um certo estranhamento

Os dois textos não tematizam a interpretação, mas são, eles próprios, interpretações; eles mostram interpretações se fazendo, e talvez possam nos ensinar sobre sua gênese. O belíssimo conto de

Guimarães faz ver a recordação como um trabalho de recuperação de experiências irremediavelmente perdidas: "Não é possível saber-se, nunca mais." Ainda assim, o narrador busca os "irreversos grandes fatos" que dentro de uma casa de fazenda passaram-se ("passaram-se e passam-se, na retentiva da gente"[1]). Vão tomando forma as lembranças vagas da viagem de um menino, o Menino (sic), personagem ao qual se relacionam uma Moça, um Moço, o Homem, pai da Moça e senhor da fazenda, acometido de uma doença mortal, e uma anciã muito velha, de quem não se sabia mais o nome ou o parentesco com os donos da propriedade, chamada Nenha.

Ao se fazer vacilar o fato, suporte da recordação, faz-se necessário "adivinhar" o "já havido", e abrem-se a ficção e a escrita (do próprio conto), conjuntamente a uma *viagem* do sujeito – "As lembranças são outras distâncias"[2] – ou a um religamento, mais rigorosamente falando, *que dá lugar a um sujeito*:

> *Se eu conseguir recordar, ganharei calma, se conseguisse religar-me: adivinhar o verdadeiro e real, já havido.* Infância é coisa, coisa?[3]

À maneira deste curto trecho, encontra-se em todo o conto uma alternância de caracteres normais e itálicos (que manteremos em nossas citações). Talvez seja mais adequado dizer que o texto é cortado, escandido e duplicado por frases em itálico, em contraponto à narrativa que se desenrola em letras sem grifo algum. Assim, dois planos narrativos se alternam e tornam o texto curiosamente *duplo*, em sua própria construção ficcional que vai desenrolando-se conforme um processo de rememoração. Se um lugar estrutura-se, por dentre os fios tecidos, onde um sujeito poderia surgir, este localiza-se portanto entre dois sujeitos da narrativa, estranhamente. Tal lugar parece, assim, não se constituir em um espaço fixo, mas corresponder a um movimento, uma oscilação entre duas posições díspares.

O texto de Freud, por sua vez, parte de uma recordação que volta anos depois, insistente, e diz respeito justamente a uma "perturbação" da memória. Foi em 1904 que Freud teve essa experiência, que nunca pôde compreender: em viagem de verão com seu irmão, foi levado, contra seu planejamento inicial, a visitar Atenas. Diante da Acrópole, ocorre-lhe subitamente um curioso pensamento: "Então tudo isto existe efetivamente (*wirklich*), como aprendemos na escola?".[4] O estranhamento (*Entfremdung*) desse retorno fornece o elã para uma interpretação do fenômeno pelo próprio Freud, em carta de homenagem a Romain Rolland, por ocasião de seu aniversário.

Em um primeiro momento, o texto precisa a duplicação do eu inerente a tal idéia incidente: "A pessoa que expressou este comentário estava dividida, muito mais nitidamente dividida do que em geral seria perceptível, de uma outra pessoa que tomava conhecimento do comentário, e ambas as pessoas estavam surpresas."[5] A primeira pessoa via-se na exigência de acreditar, diante de uma impressão indubitável, em alguma coisa cuja realidade lhe parecera até então incerta – como alguém, acrescenta Freud, que se deparasse com o famoso monstro do Loch Ness e tivesse que convir que esta criatura, na qual jamais acreditou, efetivamente existe. A segunda pessoa se espanta por nunca ter sabido que a existência de Atenas e da Acrópole tenha um dia sido colocada em dúvida.

Trata-se de uma questão de *convicção* (*Überzeugung*), ou de *incredulidade*, como prefere Freud.

Se há dúvida, esta não é ocasional e apta a se dissipar na lembrança, mas, ao contrário, é o que vem constituir a recordação. A duplicidade, o vacilamento do sujeito que exclama "Então isto efetivamente existe!" está nessa cena, segundo Freud, extraordinariamente acentuada – mais forte, portanto, do que uma habitual oscilação presente, supõe-se, em toda lembrança. Pois diante da tentativa de se lembrar, como sentencia o texto rosiano, "*o fato se dissolve*".[6] Ou, ao contrário, a recordação, de tão vívida, não faz senão levantar mais incerteza:

> *Na própria precisão com que outras passagens lembradas se oferecem, de entre impressões confusas, talvez se agite a maligna astúcia da porção obscura de nós mesmos, que tenta incompreensivelmente enganar-nos, ou, pelo menos, retardar que perscrutemos qualquer verdade.*[7]

A recordação não é em absoluto uma questão perceptiva, mas um *trabalho*, como já apontava privilegiadamente o conhecido texto freudiano "Recordar, repetir, elaborar", de 1914. A infância não é "coisa, coisa", mas conforma-se por imagens, e com elas se repete, sempre, ainda que diferentemente, tanto no *escrito* quanto no *inscrito* pela transferência.

A dúvida é portanto inerente à lembrança, e mais: leva à lembrança, caso seja uma dúvida capaz de *marcar.* "Porque, primeiro, todos pensavam esconder-lhe o que havia num determinado quarto, e mesmo o passo do corredor para onde dava aquele quarto. *A dúvida que isso marcou, no Menino, ajuda-o agora a muito se lembrar.*"[8] O que havia no determinado quarto era a Nenha, a velhíssima, "caso imemorial" que o Menino acaba obtendo permissão para ver. Ele foge assustado, e a Moça e o Moço vêm então tranqüilizá-lo, dizendo "que a velhinha não era a Morte, não. Nem estava morta. *Antes, era a vida*".[9]

A lembrança não é inócua, ela transporta uma marca – questão de vida ou morte –, cicatriz de seu próprio desaparecimento, ela é "... difícil clarão reminiscente, ao termo talvez de longuíssima viagem, vindo ferir-lhe a consciência. Só não chegam até nós, de outro modo, as estrelas".[10] Não chegam e chegam – em imagens.

O *estranhamento* solidário ao surgimento da recordação apenas anunciada, difícil, a demandar interpretação, é portanto um *efeito de a-presentação*. Trata-se de uma presença subtraída que se impõe como imagem. A dúvida é solidária de tal a-presentação, na medida em que esta se decompõe em presença e não-presença (a-presença). Tal estranhamento (*Entfremdung*), que atesta uma certa duplicação do eu, como vimos, não deixa de evocar o estranho (*Unheimliche*), a inquietante estranheza concebida por Freud em 1919. É a partir de um conto de Hoffmann, como bem sabemos, e de algumas experiências próprias, que o pai da psicanálise vê o estranho como *efeito* por excelência tanto da literatura quanto da psicanálise, na medida em que ele acompanha o retorno do recalcado, a repetição do mesmo, a duplicação do eu. O "estranho familiar", como também já se traduziu o *Unheimliche*, é o mesmo tornado outro, é a fórmula mesma do paradoxo, como já vimos, conjugando em um mesmo termo dois opostos (*Heimliche* e *Unheimliche*).

Entre o estranhamento e o estranho parece pois haver interseção. As duas noções não se recobrem inteiramente, mas o estranhamento pode ser concebido como solidário de um certo tipo de "inquietante estranheza", posto que o "paradoxo em imagem", como poderíamos definir o estranho, apresenta-se como duplicação do eu, alienação, um certo tornar-se estrangeiro (*fremd*), tornar-se outro, desconhecer-se e reconhecer-se em um mesmo movimento. O que nos ensinam a carta do pensador austríaco e o conto do escritor brasileiro é que tal estranhamento, acompanhando a recordação marcada pela dúvida, assinala, como veremos, o surgimento de uma imagem singular, a ser decifrada (lida?).

Segundo tempo: imagem, ficções

Mais que de um recobrimento curioso para o que Freud chama uma "alegre surpresa",[11] trata-se, em seu relato, de uma *imagem*, a da Acrópole. Afinal, ela não é tão diferente das imagens quase cinematográficas de "Nenhum, nenhuma", pondo em questão a efetividade do vivivo.

Em uma interpretação corrente e comumente aceita, segundo Guy Rosolato, trata-se na recordação sobre a Acrópole de uma visão proibida da intimidade do corpo materno. Tal interpretação desdenha até certo ponto a interpretação do próprio Freud, que vai se construindo na carta a Romain Rolland, privilegiando a disputa com o pai, como veremos mais adiante. Rosolato sublinha, por sua vez, que o que Freud viu sobre a Acrópole foi sobretudo o Partenon em ruínas, a ausência de templo. O Partenon, templo que abrigava a deusa virgem, Atenas invencível, com a cabeça da Medusa sobre o peito. Freud contemplou, na Acrópole, "o que não pode se ver", lança Rosolato – (e completa: "não é isto o próprio da contemplação?".[12])

Sobre a Acrópole, Freud viu o que *lá não havia*, ruínas em lugar do apogeu do período clássico, depredadas ainda por tantos conquistadores europeus. O psicanalista viu-se, sobre a Acrópole, diante do buraco do Partenon.

O genital feminino é *unheimlich* para muitos homens, já afirmara Freud em "O estranho". O familiar (*heim*) por excelência, o ventre materno, torna-se inquietante devido ao recalcamento. "O amor é a saudade de casa" (*Liebe ist Heimweh*),[13] no chiste lembrado nesse texto. Essa dor (*Weh*) antiga e familiar, a nossa *saudade*, é o que, no conto de Guimarães Rosa, a recordação/escrita do Menino/narrador também figura e cristaliza em uma imagem: a Moça.

> Alguém mais, pois, ali entrara? [No quarto, no extremo da varanda, no escritório – na lembrança do Menino?] A Moça, imagem. A Moça é então que reaparece, linda e recôndita. A lembrança em torno desta moça raia uma tão extraordinária, maravilhosa luz, *que, se algum dia eu encontrar, aqui, o que está por trás da palavra "paz", ter-me-há sido dado também através dela.*[14]

A reaparição é tão linda quanto recôndita. Em torno dessa moça a lembrança vai se tramando, para enfim se escrever – *interpretar*. É a partir da entrada da Moça, imagem, que "um menino" torna-se na pluma do escritor "o Menino", e organizam-se à sua volta "o Moço", o pai da Moça, e enfim a interminável velhinha quase morta, imemorial. A data do acontecido, improvável, é sentenciada talvez pela Moça: ano de 1914, "e para sempre a voz da Moça retificava-a". As cenas embaçadas, esmaecidas do início do conto ganham cores, seqüências, movimento. E o Menino se alinhará ao Moço no amor perdido pela Moça, amor impossível que a Moça inscreve, fortemente, ao recusá-lo: "*Será que você seria capaz de se esquecer de mim, e, assim mesmo, depois e depois, sem saber, sem querer, continuar gostando?*"[15]

Esse esquecimento vai de par com a efetividade mesma do impedimento do amor pela moça. A partir dessa conjunção desenrola-se o tempo, ritmado por uma repetição sem fim, porém cadenciada, "depois e depois". Inscrita na saudade, por fim.

"A moça, imagem" é como a cabeça da Medusa, na interpretação de Freud: o que aparece (as serpentes, com as quais "os cabelos da cabeça de Medusa são tão freqüentemente figurados pela arte")[16] vem justamente deixar trans-parecer o que não está – figurando a castração. O que aparece como engodo destinado a dotar a mulher de pênis, simbolicamente, não tranqüiliza o homem quanto à posse deste; pelo contrário, essa imagem por excelência marca, efetiva a castração. Ou melhor, essa imagem conjuga, em seu efeito (*Wirkung*), horror à castração e prazer/desejo (*Lust*), e pode, alternadamente, suscitar um ou outro – a Medusa, segundo Freud, isolaria dessa conjugação a vertente do horror.[17] A Moça, por sua vez, cristaliza a vertente oposta – duplicando-se contudo, mais reconditamente, em velha imemorial, assustadora, morta em vida, encarnação da própria morte. Assim ela, imagem, se eterniza ao mesmo tempo que cadencia, marca o tempo, em repetição e sutil diferença. E da repetição à diferença, é, com a recusa ao pedido de amor do Moço e a indicação da morte, uma série de deslizamentos, substituições, transformações, enfim, que a Moça vem suscitar no Menino:

> Falou: – '*Mas a nossa morte...*' Sobre este ponto, ela sorria – muito – flor, limite de transformação.[18]

Pois a imagem obriga a um desdobramento em escrita, a uma interpretação que gera a ficção (e a teoria/ficção). Por isso ela é *imagem*, também no sentido de figura de linguagem. A Moça é, no texto, metáfora por excelência, ainda que encarnada, pois sua própria extraordinária luz substitui a Morte hedionda, ponto em que a memória se torna impossível, caso imemorial. A Moça vela mas deixa transparecer, em um só tempo, a imagem terrível tanto quanto sedutora, que limita e incita a transformações, marcando, enfim, tempos. Raiarão dela, então, fios deslizantes, palavras em movimento, tendendo a se inscrever numa escrita particular.

Terceiro tempo: convicção

Sobre a imagem da Acrópole e o estranhamento que a acompanha, apenas décadas depois Freud poderá escrever. É a um escritor que ele dedicará a interpretação que enfim se constrói, talvez por Romain Rolland ter então a idade de seu irmão mais moço (como ele nota incidentalmente), substituindo-o nessa estranha experiência.

Curiosamente, o psicanalista iniciará sua carta aberta ao escritor declarando-se incapaz de escrever, sua produção estando "esgotada" na idade em que se encontrava. Resolvido, no entanto, a analisar o fenômeno ocorrido havia tantos anos, ele verá no mau humor dele e de seu irmão diante da idéia de ir a Atenas um caso de *too good to be true*, ou seja, uma imposição oriunda do supereu. Ele não poderia "fazer tão bem seu caminho", após a estreiteza e pobreza em que nasceu; não é permitido querer ultrapassar o pai.

A Acrópole e Atenas seriam portanto alusões à superioridade do filho sobre o pai, pequeno comerciante para quem a capital grega nada significava. O que nos perturbava a fruição da viagem a Atenas, escreve Freud, era uma "moção de piedade".[19] A edição brasileira traduz a expressão por "respeito filial", tornando pouco compreensível a identificação com o pai indicada por Freud ao fim do texto: não é surpreendente, ele nota, que freqüentemente seja, agora, assombrado pela lembrança desta experiência sobre a Acrópole, estando ele próprio velho, incapacitado de viajar e necessitando "indulgência".

Ao fim da carta, entrevê-se o ponto recôndito em torno do qual se constrói toda a interpretação desenvolvida por Freud: a Morte que se aproxima – a volta à "Terra Mãe", como ele a chama, a partir de cenas de Shakespeare, em "O tema dos três escrínios".[20] De fato, o texto freudiano tergiversa, ao sabor de associações de idéias (mais ou menos teóricas, mas não menos *incidentes*), notando estranhezas e elaborações quase defensivas. Como quando Freud arrisca a afirmação de que a "realidade histórica efetiva da cidade de Atenas e de sua história" não o teria convencido em seu tempo de estudante; ele não teria acreditado nisso "no inconsciente", e apenas anos depois, na Acrópole, ele teria podido a seu respeito adquirir de fato "uma convicção 'se estendendo ao inconsciente'".[21] Reage, contudo, imediatamente a tal explicação, afirmando que ela soa muito profunda, mas seria difícil de provar, e é muito frágil do ponto de vista teórico.

A interpretação freudiana, portanto, mostra em ato as vicissitudes e os riscos aos quais está sujeito o trabalho de interpretação, em busca da *convicção* que o legitimaria por fim. Ao final, a interpretação da experiência vivida na capital grega chega, atendo-se à questão do valor cultural da Acrópole, a tomar ela mesma ressonâncias superegóicas, privilegiando a injunção "não ultrapasse o pai!". A interpretação de Freud talvez não consiga suscitar a convicção do leitor, parecendo girar em torno de algo que não consegue tocar. Pois diante da Acrópole, do espetáculo de a-presentação do que não está ali – mas clama por se marcar, efetivo – o que surge como última roupagem desse ponto cego é a Morte, que se deixa entrever pelo viés da identificação do psicanalista com seu pai. O texto freudiano nos ensina então que frente à Acrópole, diante desse in-visível, alguma visão/interpretação só será possível graças a uma imposição paterna capaz de revesti-lo de alguma maneira, aproveitando-se da incitação à substituição que já estava no cerne da própria imagem apresentada.

Mais que forte o bastante para impedir a imagem-Mãe, e esvaziar a necessidade de sua escrita, o pai aparece aí justamente como o que permite que ela se marque se transformando em escrita, ou seja, inaugure marcações discretas em deslizamento constante, interminável.

Já em "Nenhum, nenhuma", o pai (da Moça) aparece "desenganadamente doente, para qualquer momento mortal". E ele já sabe?, pergunta o Moço, ao que a Moça responde: "*Ele sabe. Mas não sabe por quê!*".[22] Diante desse saber, não há interpretação possível – a morte não seria justamente o que escapa, resiste, faz limite a qualquer interpretação? A interpretação psicanalítica encontra aí sem dúvida seu limite – e sua fronteira, sutil porém decisiva, em relação a visões do mundo religiosas ou outras, que surgem precisamente em torno desse ponto, mas ousam desenvolver-se abundantemente como tentativas de interpretação (do ininterpretável).

No conto de Guimarães Rosa, não há interpretação/recordação final, mas o fim e o meio dobram-se um sobre o outro, na interpretação. A interpretação não tem fim: ela não tem nem alvo preciso a alcançar, nem ponto terminal. Ela é o meio e o fim, acabando-se portanto onde encontra seu limite – ali justamente de onde ela tirou toda sua força, e sua autenticidade; aquilo que há pouco chamei de ponto cego. Como afirma o próprio Rosa, "o livro pode valer pelo muito que nele não deveu caber".[23]

De forma estranhamente semelhante, a psicanálise encontra seu limite ao se destituir a si própria, deparar-se com a impossibilidade de ter um *fim* – nunca ao alcançá-lo, mas justamente ao marcar a impossibilidade de alcançá-lo. Ela talvez se aproveite do fato de que "a gente cresce sempre, sem saber para onde", como afirma ainda a escrita rosiana.[24] A interpretação não visa um ponto final, verdade última, mas é ponte, trânsito, necessariamente metáfora, construção. Ela está sempre *em curso* – ainda que tenda a se escrever, inscrevendo marcas.

A interpretação se situa então no movimento que vai da imagem à escrita. Pois, como vimos, a imagem exige uma *escrita*, para poder enfim se ler – ser decifrada (em parte, de alguma maneira) por um *sujeito* efêmero surgido enfim, efemeramente surgindo, entre a escrita e sua leitura. *Em parte*, e *de alguma maneira*: é a cada vez uma versão própria que se constrói, sempre ficcionalmente, na literatura e na teoria, como na vida. Ao longo de uma série de substituições, duplicações e identificações, a ficção vai se construindo – como a do Menino, ficção constituinte dele mesmo, e que se escreve nos limites do conto, em sua partida da casa de fazenda, com o Moço:

> O moço não falava, agora. Falido, ido, noutro confusamento, ele rompeu a chorar. Pouco a pouco, o Menino, devagarinho, chorava, também, o cavalo soprava. O Menino sentia: que, se, de um jeito, fosse ele poder gostar, por querer, desse moço, então, de algum modo, era como se ele ficasse mais perto da Moça, tão linda, tão longe, para sempre, na soledade.[25]

Um laço entre o Menino e o Moço ata-se firmemente à Moça, Imagem, em suas relações a cada um deles, Moço e Menino. E do Moço, a cavalo, é uma série de substituições que se abre, na qual o pai e a mãe (do Menino) vêm, ao final do conto, (re)aparecer estranhados. Assim como o Menino, irremediavelmente estranho, estrangeiro a si mesmo, personagem de uma história que ele tentará indefinidamente escrever/ler.

> E eu precisei fazer alguma coisa, de mim, chorei e gritei, a eles dois: – "*Vocês não sabem de nada, de nada, ouviram?! Vocês já se esqueceram de tudo o que, algum dia, sabiam!...*"
>
> E eles abaixaram as cabeças, figuro que estremeceram.

> Porque eu desconheci meus Pais – eram-me tão estranhos, jamais poderia verdadeiramente conhecê-los, eu; eu?[26]

A história se escreve edípica, dando lugar a um sujeito que no mesmo movimento se estranhará e buscará portanto sempre "religar-se", tornando-se escritor como o Menino de Guimarães Rosa. Ou tornando-se escritor e teórico, analisando e analista como o Menino de Freud. A interpretação psicanalítica talvez assuma sua força e legitimidade, ou antes sua necessidade, do fato, apontado ainda por Rosa, de que "*a vida também é para ser* lida".[27]

CAPÍTULO 4

Nos passos de Gradiva

"Se eu seria personagem" e a feminilidade

É um ato de magia negra
transformar a carne da mulher em céu.
René Magritte

Pode-se encontrar fetichismo em toda análise.
Sigmund Freud

O conto "Se eu seria personagem" constrói-se em torno de uma imagem, uma imagem de mulher: Orlanda. Entre dois homens, o narrador e Titolívio Sérvulo (indicado pela inicial "T." no decorrer do escrito), desenha-se uma figura de mulher, Orlanda. "Cego como duas portas", é com seus "grandes dotes faladores" que T. trará a moça à atenção do narrador, evidenciando que a imagem, assim como o amor, constrói-se com palavras. "*Feia, frívola, antipática*", com esses qualificativos surge Orlanda para o olhar do outro, que até então nela não reparara, olhando-a "indiferente como gato ante estátua".[1]

Pela fala de T. a estátua se põe em movimento e permite, da cegueira dos dois homens, que apareça um olhar de través: "como o belo é oblíquo", diz o texto. Essa simples frase carrega toda uma teoria estética que se desdobra de forma sutil, unida, no desenrolar do conto, a uma busca de conhecimento do sujeito, uma busca amorosa. Tal busca estava já explícita, na verdade, na própria abertura do texto:

> Note-se e medite-se. Para mim mesmo, sou anônimo; o mais fundo de meus pensamentos não entende minhas palavras; só sabemos de nós mesmos com muita confusão.

Entre notar e meditar, entre palavras e pensamentos há distância, desentendimento, confusão. Entre notar, perceber e meditar, dizer, há um hiato, e aí o texto se tece, escrevendo uma estória de amor que só com hesitação e desvios se realiza. As palavras denegridoras de T. a respeito de Orlanda se invertem, no jogo entre os dois homens frente a essa moça, e ela aparece para o narrador como imagem encantadora:

> Porque ela não surgira apenas: desenhou-se e terna para mim. Além de linda – incomparável – a raridade da ave. Se cada uma pessoa é para outra-uma pessoa? Só ela me saltava aos olhos.

Imediatamente, porém, essa percepção que se *desenha* é contracunhada pelas palavras de T., "colado" ao narrador: "*Boa, fina, elegante*! – de feliz grito, precipitando-se na matéria do quadro." Um quadro compõe-se a três, como já indica finamente a cadência dos três adjetivos sempre encadeados na descrição da moça. Tornando mais precisa a célebre afirmação de Marcel Duchamp de que "os olhadores fazem o quadro",[2] diremos com o texto rosiano que *dois* olhadores são necessários para se fazer um "olhado", para que se faça de alguém ou de algo uma imagem. Os dois parecem então coincidir: "Estava-se no coincidir. Onde há uma borboleta, está pronta a paisagem?" A pequena borboleta, algo ínfimo, obliquamente belo, parece então capaz de capturar os dois homens na matéria do mesmo quadro. Mas T. é também o tempo – "o tempo, *t*?", desenha a pluma de Guimarães Rosa adiante – que marca um hiato entre percepção e fala, uma distância entre os dois homens. "E vem T. – contudo, como se me segundando, em sua irreticência, comentando meu coração." Uma dúvida persiste sobre o tempo, a antecipação e primazia de um ou outro no amor por Orlanda. "Todo subsentir dá contágio, cada presença é um perigo? Aceitam-se teorias." Seria T. o imitador, ou o próprio narrador, misterioso para si mesmo, o imitaria antecipadamente?

> T. tocava a trombeta – miolado, atravessado, mosqueteiro – imitador de amor. Ou eu, falso e apenas, arremedando-o por antecipação. O futuro são respostas. Da vida, sabe-se: o que a ostra percebe do mar e do rochedo. Inimaginemo-nos.

"Inimaginemo-nos": como se fosse possível sair do quadro que só a três se desenha, e no qual o narrador se encontrava cativo, ainda que, tímido, nada dissesse de seu amor, a Orlanda ou a T. Mesmo isso que não se diz está tomado no quadro como uma espécie de anti-imagem, o negativo da fotografia, o invisível suporte de toda visão: "Meu amor, luar da outra face, de Orlanda não ver." Capturado por essa figura de mulher, seu olhar sustenta o quadro em que ele não se vê, mas se reflete em T., "entreator", que se aproxima de Orlanda e dela fica noivo. O quadro continua a se desdobrar em narração, cadenciada como o sofrimento do narrador, belo em suas palavras: "Sim sofri: como o músico atrás dos surdos ou o surdo atrás dos dançantes; mas, com cadência." Voltaremos a encontrar em breve seu caminhar cadenciado, após retraçar os passos de uma outra moça, caminhante na literatura como na psicanálise: Gradiva.

Gradiva psicanalista

Como Orlanda, Gradiva é uma moça que se figura em um quadro – um baixo-relevo, no caso – e nele faz precipitar um "ator"-personagem, Norbert Hanold indo a Pompéia, no romance de Jensen *Gradiva: Uma fantasia pompeiana.*[3] Gradiva encantou Norbert Hanold, encantou Jensen, e a seu charme não ficaram incólumes Jung e Freud. Que poesia, que graça toca até hoje o psicanalista nesta figura de uma moça que anda, deixando ver sob o drapeado do vestido um pé elegantemente arqueado? Como sabemos, o ensaio de Freud "Delírios e sonhos na *Gradiva* de Jensen" visa ressaltar e interpretar nesta novela os sonhos do personagem Norbert, construídos pelo ficcionista com a precisão do trabalho do sonho. Mas o texto do psicanalista vai além desse objetivo ao deixar entrever entre arte e psicanálise uma certa relação: a literatura se constrói, ainda que não intencionalmente, segundo as leis do inconsciente, e por isto pode ser utilizada como confirmação das descobertas psicanalíticas. Talvez a moça que seduz Freud no baixo-relevo romano encarne, nesse sentido, a própria jovem psicanálise, que parecia naquele momento avançar e enfim atrair novos seguidores.

E o romance não exerceria sobre seus leitores, por si próprio, uma atração semelhante à de Gradiva? Esta, já dupla por ser baixo-relevo e moça real, torna-se um duplo da obra literária. Gradiva talvez possa, nessa perspectiva, nos ensinar, ao lado de Orlanda e do conto de Guimarães Rosa, sobre a própria literatura. E, uma vez espelhada, a personagem multiplicaria ainda seus reflexos, mostrando-nos outra analogia: aquela que Freud aponta entre a atitude de Zoé/Gradiva em relação a Norbert e o próprio trabalho do analista. Com Gradiva, podemos portanto arriscar alguns elementos de reflexão acerca, ao mesmo tempo, do que um tratamento analítico promove e o que uma obra de arte efetua.

Conhecemos o enredo da novela de Jensen. Norbert é um jovem arqueólogo que não demonstra nenhum interesse pelas mulheres, até encontrar um belo e antigo baixo-relevo, em Roma. Consegue, felizmente, uma boa cópia da obra, que representa uma jovem caminhando, com um dos pés delicadamente arqueado, suspenso, quase vertical, paralisado um segundo apenas antes de deixar o chão. Somente os dedos ainda estão no solo, enquanto o outro pé repousa à sua frente, inteiramente em contato com o chão. Através desse relevo, Norbert começa a se preocupar com as jovens de carne e osso – inicialmente, ele as tratará como objetos de pesquisa: existirá na realidade um andar como o de *Gradiva*? Um sonho onde esta aparece em Pompéia, minutos antes de seu soterramento, trará a Norbert estranha e nítida sensação de realidade, e parece fazê-lo tomar a decisão de empreender uma longa viagem, na qual termina por se encontrar, como por acaso, em Pompéia. Ali se deixará tomar pelo "delírio", entremeado de sonhos, de reencontro da jovem morta quando da erupção do Vesúvio. Os sonhos, segundo Freud, revelam restos diurnos que apontam para a verdadeira natureza, inconsciente, de que se trata, ao mesmo tempo que mostram uma elaboração desses restos, ainda que subtraída à consciência.

Zoé/Gradiva procederá, em suas conversas com o arqueólogo, ao tratamento deste, afirma Freud. O desenrolar do tratamento tal como Jensen o apresenta não é, para o pai da psicanálise, totalmente fabuloso, mas está de acordo com as "reais possibilidades". Como Zoé consegue "curar" Norbert de seu "delírio"? Ela busca compreender, segundo Freud, "o seu comportamento":

> Assim veio a saber do sonho, do relevo de Gradiva e da particularidade do andar que partilhava com esta figura (imagem, *Bilde*). Ela aceitou o papel de um fantasma redivivo por uma fugaz hora, papel que, como ela percebera, o delírio de Hanold lhe atribuíra, mas, ao aceitar sua oferta das flores dedicadas aos mortos e ao lamentar que ele não tivesse colhido rosas, insinuou delicadamente com palavras ambíguas (*mehrdeutigen Worten*) a possibilidade de ele admitir uma nova situação (ou posição: *Stellung*).[4]

Freud refere-se à fala de Zoé ao receber asfódelos de Norbert: "As mais afortunadas recebem rosas na primavera, mas estas flores do esquecimento são mais apropriadas para mim." No pequeno trecho acima temos já o essencial da teoria da transferência: "O processo de cura é realizado numa reincidência no amor."[5]

Também da interpretação temos aí toda uma teoria: trata-se de recorrer ao duplo sentido das palavras que é um mais-sentido, um a-mais de sentido (as palavras de Gradiva permitem interpretações plurais e variáveis: são, na última citação, *mehrdeutigen*). A interpretação aparece aí como o que permite que uma ligação se faça entre dois elementos distintos, dois sentidos: "Um dos sentidos dessas palavras ajusta-se ao delírio de Hanold, dirigindo-se à sua compreensão consciente, mas o outro sentido ultrapassa o delírio e em geral fornece-nos sua tradução para a verdade que ele representa. Essa capacidade de figurar (*darstellen*) em uma mesma forma expressiva o delírio e a verdade numa mesma frase é um triunfo do espírito (*Witz*)."[6]

A interpretação *figura*, portanto, e como figuração ela é metáfora, ela abre novas possibilidades de sentido, supondo que a fala do paciente seja ela mesma metafórica, ou seja, sobredeterminada, resultando de um "trabalho" como o do sonho, sujeita a um determinismo inconsciente. A interpretação condensa, de uma maneira provisória, um andar, suscitando o desdobramento de caminhos associativos. A interpretação é ela mesma uma moça que anda, que aponta e encarna provisoriamente caminhos, que é capaz de evocar sentidos ocultos e amores antigos, esquecidos. *Rediviva*, Gradiva é estranha e familiar, ao mesmo tempo que parece carregar consigo uma certa capacidade de humor (como acabamos de ver na *Gradiva*, a interpretação se dá graças ao "espírito" (*Witz*)).

O fetiche, figuração do enigma

O fetiche remete ao que fica por conhecer, em Freud, ou ao que resistirá sempre a um conhecimento definitivo. É em uma *figuração*, a cena de desnudamento da mãe, que ele se constitui, como uma das possibilidades abertas pela percepção da falta de pênis materno. Diante desta falta de pênis, que marca a efetividade da ameaça de castração para o menino, dois tipos de operação podem se dar: o *reconhecimento* e a *recusa* de tal falta. Segundo Freud, o fetichista recusa a falta do falo na mãe e erige o fetiche como seu substituto. Mas se o fetiche parece representar a própria recusa, ele atesta também certo grau de "reconhecimento" dessa falta. O fetiche não decorre de um *desconhecimento* radical da falta na mãe, mas é um compromisso entre o reconhecimento desta terrível percepção e a força da crença infantil na existência do falo na mãe.[7]

Em "A divisão do eu nos processos de defesa", escrito pouco antes de sua morte, Freud chegará a estabelecer entre recusa e reconhecimento um "vai-e-vem" no qual oscilaria todo pequeno Édipo. O fetiche vai além, portanto, da caracterização de um tipo específico de mecanismo de defesa, a ser imputado exclusivamente a uma das grandes estruturas clínicas, a perversão. Ele figura um funcionamento que devemos conceber como universal, ainda que sujeito a particularidades.

É a partir de uma seqüência cinematográfica que o fetiche se constitui como uma espécie de "congelamento da imagem". Diante da mãe nua, a criança retém a última percepção antes da falta aí figurada, a partir de seu ângulo de visão, ou seja, de baixo. Assim, são nomeados como fetiches sapatos, pés, meias, lingerie, cabelos (pêlos pubianos). Um exemplo privilegiado por Freud é o do tapa-sexo, capaz de velar tanto a falta quanto a suposta não-falta de falo na mãe, numa perfeita paralisação da imagem que mantém a criança um segundo antes da revelação diante do enigma intacto desta percepção. O fetiche se constrói portanto como um paradoxo, que pode ser formulado como "concretização da falta". Ele significa ao mesmo tempo a recusa e o reconhecimento da falta de pênis materno, pois substitui não o pênis, mas sua *falta*. Daí decorre mais um paradoxo: o de ele ser um "objeto" essencialmente perceptivo e ao mesmo tempo radicalmente evanescente. Um certo brilho no nariz (*Glanz auf der Nase*), por exemplo – que não é senão uma olhadela (em inglês, *glance*) sobre o nariz.

Diante da percepção do que só aparece como *faltando à percepção*, o fetiche se ergue como figuração do informe, do in-visível. A cena de desnudamento materno encarna o enigma do sexo e da diferença sexual, que as teorias sexuais infantis já haviam tentado solucionar. O reconhecimento da castração materna é marcante, contudo, por trazer ao menino a convicção do perigo de vir a ser ele mesmo castrado, o que equivale a se ver desde já um tanto castrado. Já o fetiche mantém o enigma intacto, entre recusa e reconhecimento.

O fetiche se constitui como uma parada, cristalização de um momento da deriva que constitui a cena, ele é *fotografia* ou fotograma isolado da série que compõe a tomada cinematográfica.

Como o baixo-relevo de Gradiva, ele é paralisação improvável de um movimento, que mantém o contemplador em uma espera amorosa, uma suspensão cheia de gozo. "O relevo antigo, diz Freud de Norbert, despertou seu erotismo adormecido"[8] e permitiu que se escrevesse, a partir daí, uma história de amor. Zoé conseguirá a façanha (terapêutica, segundo Freud) de fazer Norbert circular da escultura a ela própria, à "bela realidade" do amor.

A encarnação da figura, do baixo-relevo, por Zoé mostra, portanto, que a partir do fetiche pode-se retomar o movimento que o constitui. Norbert percebe, na novela de Jensen, que "*Bertgang* tem o mesmo significado de 'Gradiva', e quer dizer 'brilhante no avançar'".[9] A raiz alemã *bert* ou *brecht* corresponde ao inglês *bright*, e o *gang* é movimento, funcionamento, andar, atividade, curso. Gradiva cintila como o "brilho no nariz" no qual consiste o fetiche do paciente de Freud, e permite, ao ser encarnada por Zoé, que se faça o "trabalho analítico" de Norbert – ou seja, permite que se façam as interpretações que, nascendo no espaço vago entre a moça e o baixo-relevo, enviam de uma à outra, estabelecem uma oscilação ou uma passagem entre Gradiva e Zoé, por serem ambíguas, por carregarem um "a mais" de sentido, por indicarem direções diversas, suscitando o movimento de percorrê-las.

A posição do analista poderia então ser definida como um "brilhante" no avançar, no sentido em que sabemos que ele ocupará um lugar privilegiado, de alguma forma "brilhando" para o analisando. Mas esta posição ao mesmo tempo implica um reconhecimento, por parte do analista, de que esse lugar é passageiro, transitório, de tal forma que o que o paciente oferece a ele está sempre endereçado a outra pessoa.

Rigorosamente falando, a transferência não se dá entre dois termos, analisando e analista, mas sempre implica uma terceira posição. Como nota o texto rosiano quanto ao amor do narrador por Orlanda, que passava necessariamente por T., "já éramos ambos e três". Se a transferência é sempre amor de transferência, Freud não deixa de perceber que todo amor é "de transferência", por assim dizer.[10] Não há diferença essencial entre a transferência e o amor fora da análise, pois toda ligação amorosa implica, de forma mais ou menos explícita, uma circulação que passa por um terceiro. Mas em análise o destinatário desse amor não se deixa enganar pelo "ambos", ele assume seu lugar transitório em tal endereçamento, e pode portanto, em suas intervenções, presentificar o outro, fazendo, de "ambos", três. Tal como Orlanda, na pluma de Guimarães Rosa, o analista se deixa tomar pela borboleta que faz, pronta, a paisagem, mas ele não é mais que anunciador de outra coisa, como "Orlanda, andorinha do abstrato".

O analista deve saber que seu lugar é transitório. Aliás, não se trata aí apenas de um "saber" ou de uma abstinência do analista, mas de uma transitoriedade que define a situação analítica – todo o *setting* e sua regra fundamental visam suscitá-la e mantê-la, a transitoriedade que chamamos de *transferência*. A interpretação, como vimos, dela tira sua condição de possibilidade, e ao mesmo tempo não cessa de para ela apontar.

A obra literária não despertaria também um amor transitório, fascinando com a concretização de um "andar", levando seu amante a caminhar com a obra (como Norbert vai a Pompéia caminhar com Zoé), num andar transformador à maneira da transferência no tratamento analítico?

Feminilidade

Muito já se escreveu, sobretudo após Lacan e seu seminário *Mais, ainda*, sobre a feminilidade. Ela parece no entanto se esquivar de uma definição, e flui na teoria psicanalítica, recusando-se talvez a uma apreensão definitiva. Talvez a feminilidade indique, de forma ela mesma um tanto fugidia, o *enigma em movimento* que anima a análise.

Ela põe em relevo o próprio movimento, o destino (que é sempre destino pulsional, em psicanálise), ela se identifica à deriva que não tem ponto de chegada predeterminado mas é sobretudo cadência. A feminilidade é renúncia à paralisação fotográfica do fetiche (que é uma *mesmificação*, por assim dizer), possibilitando a partir dela o surgimento do estranho, a criação do *outro*.

O que faz limite à análise é, segundo Freud em "Análise terminável e interminável", um certo "repúdio à feminilidade", manifestado como luta contra a passividade no homem e como reivindicação fálica na mulher.[11] No horizonte de um fim de análise estaria o domínio deste fator. O "grande enigma do sexo" seria, porém, irredutível, representando o próprio rochedo contra o qual a análise naufraga e fracassa *necessariamente* – pois se não fracassasse, se tivesse "sucesso", este não poderia consistir senão em colocar algo no lugar do que garantiria a recusa da castração (algo de seu, ou eventualmente, a própria psicanálise, tornada grande, musa capaz de parir todo tipo de interpretação do mundo). Ora, a análise visa justamente demover essa garantia, ou movê-la, tirá-la desse lugar de garantia. Um fim de análise pensável (se bem que sempre móvel) seria, então, uma de-missão da análise, no sentido em que haveria uma missão a ela secretamente confiada (cujo paradigma é a esperança da mulher de por fim obter o falo, segundo Freud), e tal missão seria demovida da análise, de maneira a que esta pudesse, enfim, ter um termo (ainda que provisório).

O ponto de viragem que se realiza em uma análise diz respeito portanto, para a mulher como para o homem, à possibilidade de se assumir uma posição feminina. Adiantamos acima que Zoé teria, ao se deixar tomar por Gradiva, se identificado ao enigma. Gradiva nos permite conceber a "feminilidade" como uma *identificação com o próprio enigma encarnado pela mulher*. Esta fórmula é paradoxal, pois como pode um enigma servir de ancoragem para uma identificação? Deve-se tratar de uma identificação de um tipo muito particular, portanto, que indica a possibilidade de que se dê lugar a esse enigma, em vez de dele se tentar livrar "solucionando-o" de alguma maneira. A partir daí é possível que o enigma crie rebentos; que ele traga o inesperado.

Em um "fim" de análise teríamos, portanto, não uma posição determinada, mas uma certa mobilidade – aquela mobilidade que permite a Zoé ser um tanto Gradiva.

Humor e identificação

Se a identificação do menino com o pai está ligada à formação do supereu, herdeiro do complexo, esta é uma identificação a um ideal. A identificação do menino ou da menina com a mãe também não poderia senão estar ligada a uma idealização desta, e também estaria, nesta medida, conformando o supereu. Já a identificação com o enigma implica tomar um caminho enviesado em relação ao ideal e à idealização, para conformar um eu que se reconhece como "fala obscura" capaz de gerar respostas transitórias: interpretações.

Tal caminho enviesado não deixa, contudo, de se servir da idealização de maneira própria, da qual o humor pode nos fornecer o modelo. Em 1927 Freud reflete sobre a atitude humorística do condenado que, levado à forca na segunda-feira, exclama "A semana está começando bem!". O prazer que isso provoca em nós, ouvintes, deve-se a uma quebra de expectativa: esperávamos, com o condenado, sofrer e lamentar sua sorte, e de repente ele nos surpreende, poupando-nos do afeto penoso que a situação provocaria. Este processo é um eco, afirma Freud, do que se passa no próprio humorista, que sobrepuja seu sofrimento (os "traumas do mundo externo"[12]) adotando uma posição de superioridade. O humor tem algo de grandioso e exaltante, afirma um triunfo do narcisismo, uma invulnerabilidade do eu, desafia a adversidade, põe de lado as reivindicações da realidade e impõe o princípio de prazer.

Examinada com mais atenção, contudo, tal vitória do narcisismo no humor desmorona. Que tipo de narcisismo estaria em ação na atitude do eu que, em uma situação de morte iminente, deixa de lado seu sofrimento, reconhecendo pelo humor a insignificância de sua existência face ao tempo que passa, inexoravelmente? O humor implica, antes, uma espécie de distância tomada em relação a si mesmo, uma destituição narcísica ou, ainda, uma certa mobilidade, tornada possível pela clivagem fundamental que constitui o eu. Nessa clivagem, decorrente da posição antitética do eu face à castração materna, seu vai-e-vem entre reconhecimento e recusa, do qual falávamos em relação ao fetichismo, incide ainda a diferenciação entre eu e supereu. No humor, afirma Freud, há um superinvestimento no supereu em detrimento do eu. O eu se divide, portanto, e trata a si mesmo como um adulto ("a instância parental") a uma criança, dizendo "Aqui está o mundo, que parece tão perigoso! Não passa de um jogo de criança, digno apenas de que sobre ele se faça uma pilhéria!"[13]

O supereu mostra-se portanto, com o humor, diferente daquele supereu perseguidor, cruel e sádico que a paranóia explicita, por exemplo. Se o supereu decorre de uma idealização, instaurando como ponto de mira um ideal com o qual o eu será constantemente comparado, no humor tal ideal não deixa de existir, embora não mais exija que o eu coincida com ele. O humor serve-se dessa não-coincidência de maneira a pôr em movimento o eu, pondo em jogo a distância entre eu e supereu de forma a superar o trauma, numa espécie de *des*identificação consigo mesmo.

> Se é efetivamente o supereu que, no humor, fala ao eu intimidado, consolando-o com tanto amor, isso nos lembra que muito temos ainda que aprender sobre a essência do supereu. Além disso, nem todos os homens estão aptos à atitude humorística; ela é um dom raro e precioso, e a muitos falta até mesmo a aptidão para gozar do prazer humorístico que se lhes oferece. E finalmente, se pelo humor o supereu tenta consolar o eu e preservá-lo do sofrimento, isso não contradiz o fato de ele descender da instância parental.[14]

De forma análoga, a "identificação ao enigma" privilegiaria não o ideal a ser atingido como resposta à questão da castração materna, mas a clivagem do eu e o movimento que esta suscita. Tal identificação com o enigma seria um arranjo resultante do complexo de Édipo, e marcaria uma possibilidade de saída deste complexo – de maneira comparável à identificação com o pai e a mãe, mas distinta desta, pois nela a instância ideal é desviada de suas severas observações e exigências, tornando possível uma serena destituição narcísica que não deixa de prover, como bem mostra o humor, um certo *gozo*.

Nessa perspectiva trata-se, em análise, de um eu que é posto em trânsito, deslocado de suas tentativas mais ou menos fixas de resposta, que o sintoma cristaliza. Talvez se possa conceber uma renúncia, num horizonte de fim de análise, à pretensão de encontrar a resposta definitiva que calaria o enigma. Essa renúncia não esvaziaria o enigma, mas o absorveria e o aceitaria como constituinte do eu. Não se poderia caracterizar o trabalho de psicanálise como um *ver-se (a si mesmo, mas também ao outro) como um enigma?*

O homem, a mulher, o enigma

A "feminilidade" se refere, como já notamos, a uma posição que pode ser ocupada tanto pelo homem como pela mulher. Sabemos que não existe, para a psicanálise, nem paralelismo nem complementaridade entre o que seria "feminino" e o que seria "masculino" – e é justamente disso que se trata, desta radical diferença, sempre enigmática, na cena do desnudamento materno que marca a efetividade da castração. Sabemos que com "o homem" e "a mulher" estamos nos referindo a algo que não se restringe ao sexo biológico e não coincide necessariamente com ele; com "feminilidade", estamos nos referindo a algo que, se aparece de forma exemplar na mulher e em sua história relativa ao complexo de Édipo, diz respeito também ao homem. De que maneira? Vimos que Freud aponta como limite à análise do homem uma certa atitude passiva em relação ao pai. Mas ele renuncia a precisar no que consistiria, em última análise, tal feminilidade, deixando a cada um de nós essa tarefa: "Se desejarem saber mais a respeito da feminilidade indaguem a própria experiência de vida dos senhores, ou consultem os poetas."[15]

Consultando Jensen, ou melhor, Gradiva, pudemos conceber a feminilidade como encarnação do enigma por uma identificação que talvez seja mais acessível à mulher, dado que seu corpo se presta à encenação da falta. E quanto ao homem? Voltemos ao poeta, Guimarães Rosa, ou melhor, ao seu belo conto "Se eu seria personagem", em busca de indícios a esse respeito.

Após dar a si mesmo a ordem de esquecer Orlanda, "em esquecimento que, oculto, vazava" em seu sofrimento, o narrador nota que também T., seguindo-o, "também padecia, inexplicada mas explicavelmente, bom condutor". Ele apaixonara-se por outra. Desfaz-se então o triângulo, e o narrador se recozijará pelo fato de que "como o amor se faz é graças a dois", ele com Orlanda.

> Segue-se, enfim assim, nomeadamente Orlanda – de a um tempo rimar com rosa, astro e alabastro – aqui. Sua minha alma; seu umbigo de odalisca, seu sorriso de sou-boneca, a pele toda um cheiro murmurante, olheiras mais gratas azuis. Mesma e minha.
>
> De dom, viera, vinha, veio-me, até mim. Da vida sem idéia nem começo, esmaltes de um mosaico, do mundo – obra anônima? Fique o escrito por não dito. Sós, estampilhamo-nos. Tem-se de a algum general render continência. Ei-la, alisa a tira da sandália, olha-se terna ao espelho, eis-nos. Conclua-se. Somos. Sou – ou transpareço-me?

Estampilhado o casal, em foto ou em espelho, em Orlanda o homem se reflete, tornado *personagem* como indicava, num tempo improvável, o título *Se eu seria personagem*. Nela/com ela o homem se *trans*parece, aparece através dela, o espelho ou foto tomando então o lugar antes representado (e ainda sustentado, provavelmente) por Titolívio Sérvulo. Este é novamente nomeado ao fim do conto, uma vez apartado do casal, após suas tantas aparições como T. Orlanda aparece em palavras, mais uma vez, ritmando três termos: "rosa, astro, alabastro". Seu aparecer é, como o de Gradiva, cadenciado, caminhante: "viera, vinha, veio-me", do passado em direção ao presente e, no mesmo caminhar, tornando-se cambiável, unida ao narrador (como indica a ambigüidade do uso do pronome em "veio-me"). O personagem parece coincidir com a imagem da mulher, Orlanda, "mesma e minha". Mas, de través, através do aparecimento da mulher, o narrador ao mesmo tempo desaparece: "Somos. Sou ...?". Ele desaparece novamente, neste fim do conto, após já ter se dito "anônimo", em seu início, e ter permanecido sem nome ao longo da narração. Ao contar o conto, o homem se fez, porém, por amor a Orlanda, personagem (todo autor não se fará personagem ao escrever e todo homem, ao amar?). Com T., que já o *transmentia*, ele já havia se feito, rigorosamente falando, personagem, ao longo do escrito ("Transmentiu-me: o embeiço – reflexo, eco, decalque"), no mesmo passo em que, como vimos, a mulher se desenhava para ambos. Na conclusão do conto, porém, o narrador não apenas se reflete em T., como pode *transparecer*, através de Orlanda.

A algum general, diz o homem do conto, tem-se de render continência – e é a esta mulher que ele se curvará, sabendo no entanto que a "obra" do mundo é "anônima". Soldado ele já havia afirmado ser, "da soldadesca de algum general", lembrando que todo soldado teria um tanto de chumbo – o chumbo que ele guarda, sem atirar, para Titolívio Sérvulo, provavelmente. Em vez de lutar, quando do anúncio do noivado do amigo com Orlanda ele afirmara: "Retombei, pesado, dúctil, no molde", quando "o general dispõe" tal acontecimento, figurando, talvez, a "passividade" do homem em relação ao pai referida por Freud. A Orlanda, por fim, ele "rende continência", mas aí já se trata do mundo como obra anônima, caído o general, e a passividade transforma-se. Talvez então ele se ponha à deriva, na vida sem idéia nem começo, apenas mosaicos, nomeando-se andarilho como Orlanda, como Gradiva. Sabendo-se enigma, buscando e renunciando, no ritmo da escrita, a saber-se, visto que "só sabemos de nós mesmos com muita confusão". Nomeando-se autor.

Como bem nos recorda Serge André em seu magistral *O que quer uma mulher?*, o "ser" mulher já implica certa duplicação, ambigüidade, duplicidade, a mulher encarnando a estranheza que está, por definição, "fora". A mulher é sempre "outra", tanto para os indivíduos de sexo biológico masculino quanto para aqueles de sexo feminino. Nas palavras de André: "A feminilidade se revela como dividida diante da castração: uma mulher se desdobra [*dé-double*], mais do que se unifica, sob o significante 'mulher'."[16] Já na pluma de Guimarães Rosa, vimos Orlanda que pode, terna, olhar-se ao espelho; e tal espelho talvez seja o olhar do homem, que por sua vez nesta mulher, no espelho, se duplica – torna-se *personagem*?

Cabe-nos, como Freud, renunciar a apreender a feminilidade como tal e deixá-la passar, dando-nos cadência, ela que é tanto o *trânsito* (de um a outro) quanto a *fugacidade* mesma de que se trata, pelo amor, tanto em análise quanto na arte. A feminilidade não é nunca, devemos reconhecer, uma posição estável; ela não é mais do que um destino tangível. "A anatomia é o destino", diz Freud em "A dissolução do complexo de Édipo".[17] Este aforismo é ele mesmo, passível de várias interpretações, *mehrdeutig* como a fala de Zoé/Gradiva. Ele possibilita ao menos duas leituras. Podemos entendê-lo no sentido de que o destino não é senão a anatomia já dada, biologicamente, mas que se tratará justamente de construir, de subjetivar, ao longo da vida e, particularmente, no curso de uma análise. Mas podemos também ver aí a afirmação de que a anatomia *não é senão destino*: destino pulsional, deriva... mas com cadência.

Com a mulher, tal destino toma forma de criação, de geração. Serge André afirma ainda, a este respeito:

> "... As mulheres, como todos sabem, têm uma relação particular com a criação pelo fato de que podem dar à luz: como se somente

> elas tivessem o poder de criar *diretamente* sem dever fazer o esforço de uma sublimação. Por que, com efeito, não dar ao parto a importância de uma verdadeira criação? ... É certo que deveríamos seguir Freud inteiramente quando ele afirma a equivalência, para a mulher, entre a criança e o pênis?[18]

Deixarei aberta a polêmica. Acredito que não haja uma resposta geral e definitiva para essa questão, mas apenas respostas únicas, de cada gerador ou geradora diante de seu rebento – seja ele criança, conto, romance, teoria. Não deixarei contudo de apontar mais uma analogia, a existente entre essa possibilidade de geração e a potencialidade de construção da análise: *gerar* construções não seria o destino da análise? Sabemos que a construção, em psicanálise, é análoga à ficção, e os estudos de casos se deixam ler como romances. Mas a construção está longe de ser arbitrária, na medida em que ela visa a *convicção* (*Überzeugen*), como repete Freud muitas vezes – sem nunca precisar em que exatamente tal convicção consistiria. "O caminho que parte da construção do analista deveria terminar na recordação do paciente, afirma Freud, mas nem sempre ele conduz tão longe ... . Em vez disso, se uma análise é corretamente efetuada, produzimos nele uma segura *convicção* da verdade da construção."[19] Em alemão, *zeugen* é "testemunhar", "dar prova de", o que aponta para a radicalidade da análise como experiência própria em que o analisando testemunha, em transferência e de corpo presente, do valor de determinada construção. Mas outra conotação de *zeugen* nos surpreende: este verbo também tem como sinônimos "engendrar", "procriar", "produzir". Não seria cada análise, bem como cada escrito literário, a construção (engendramento e sobre-engendramento, sempre a se refazer) de um "nome próprio" para o *enigma*, anônimo e neutro, sem distinção sexual?

O enigma é *fala obscura*, que demanda resposta. À pergunta da Esfinge, "Qual a criatura que é ao mesmo tempo *tétrapous*, *dípous*, *trípous* (tem quatro, dois e três pés)?", Édipo responde: *Ánthropos* (o ser humano). O enigma aponta, portanto, para o destino de transformação do homem: criança, adulto, idoso. Dessa fala obscura – que a interpretação analítica talvez busque reproduzir – um caminho pode se fazer, a partir de múltiplas possibilidades, sempre mais ou menos passageiras. O próprio *Édipo*, aliás, não é mais que uma resposta ao enigma, em seu nome que o torna personagem: *Oidipous* significa, precisamente, "os pés que caminham para o saber".[20]

CAPÍTULO 5

"A terceira margem do rio"
O pai e o gozo

O São Francisco partiu minha vida em duas partes.
Guimarães Rosa

O inconsciente é um barquinho.
Jacques Lacan

Se a palavra pode ser mágica graças a seu poder metafórico, como vimos com "A menina de lá", ela também é cortante. Se ela cria imagem, como no espelho se desdobra o corpo, ela também condena o sujeito ao exílio, como no conto "O espelho". A superfície refletora pode tornar-se lâmina afiada, duro cume que fere, divide, marca, inscreve. A palavra, sobretudo, nomeia. Da imagem passa-se então à escrita. Ou melhor, entre imagem e escrita constrói-se a literatura, assim como se compõem interpretações em uma análise.

Em *A interpretação dos sonhos* Freud mostra, inaugurando a psicanálise, que a imagem por excelência que é o sonho pode ser lida, pois é palimpsesto, escrita múltipla do desejo. Ela é escrita, poesia latente, obedecendo às leis da metáfora e da metonímia e obrigando sempre à interpretação. O próprio relato do sonho já propõe dele, sem dúvida, uma leitura, e a esta podem se seguir várias outras, por vezes contraditórias, sempre parciais, indicando um ponto recôndito que resiste a toda apreensão ao mesmo tempo em que gera toda interpretação possível. Esse ponto seria uma espécie de *umbigo*, como diz Freud, onde o sonho mostra-se insondável. A metáfora anatômica é digna de nota, pois assinala aí a presença do corpo na formação de toda imagem, a partir de uma inscrição primeira da linguagem no corpo que nunca encontra sucesso absoluto, mas deixa um resto, compõe o enigma do sexual e produz gozo. Tal gozo preside a toda formação de imagem, sempre conformada pela palavra, e fornece também a centelha necessária para qualquer leitura que dela se possa fazer.

A palavra, entre imagem e escrita, apela, portanto intensamente para o corpo, refazendo o movimento de inscrição do significante que faz dele corpo sexual, corpo de gozo, ou seja, um corpo que desliza entre sua imagem e o que nele se escreveu na relação erótica com o outro. O corpo é sem dúvida, para a psicanálise, um texto, ou melhor, um caligrama: um texto-imagem composto de marcas de prazer e sofrimento. Este corpo é o que convoca tanto a literatura como as artes visuais, como denuncia o poeta e desenhista belga Henri Michaux, que dizia: quem deixa um traço deixa uma ferida.

O pai e o rio, o corpo e a palavra

É evidente que o magnífico conto "A terceira margem do rio" trata de margens, delineando um rio que recorta a narrativa em dois espaços: o da casa, do terreno às margens do rio, e o de suas águas extensas, cheias de mistério, que abrem para o exterior do conto, em sua passagem inexorável e caudalosa. O enredo desenvolve uma partida, a partida do pai do narrador, como se sabe, rumo ao rio. O pai manda fazer para si uma canoa, e sem explicações vai embora, diante da perplexidade da família, sem bagagem, para se instalar nesse outro espaço, móvel, das águas que fluem, se estendem "por aí". "Nossa casa, no tempo, era mais próxima do rio, obra de nem quarto de légua: o rio por aí se estendendo grande, fundo, calado que sempre. Largo de não se poder ver a forma de outra beira." Nessa falta de beira, nesse rio-tempo sem direção nem palavra, a partida do pai vem estabelecer uma margem. O pai parte e reparte a cena do conto, corta o espaço da casa em relação a um outro espaço inapreensível, disruptivo, duplicando em outro espaço – esse "subjetivo", se quisermos, o da vivência do narrador – uma marca fundamental. Uma marca de palavras: "Sou homem de tristes palavras. De que era que eu tinha tanta, tanta culpa? Se o meu pai, sempre fazendo ausência: e o rio-rio-rio, o rio – pondo perpétuo."[1] O pai nomeia o rio, que flui e serra, rio-rio, e localiza o filho em uma de suas margens.

O pai cria a ausência e deixa culpa: que seja o pai o agente de tal operação não deixa de ressoar a teoria psicanalítica. Freud a nomeia castração, assinalando definitivamente sua localização corporal. A castração é uma marca de palavra, não uma ferida real, mas uma operação significante no corpo. Sabemos que a função paterna realiza essa ferida, o nome do pai vindo nomear e negar, como indica a homofonia da expressão francesa *nom du père* com o não, o *non du père*. O que "A terceira margem do rio" vem assinalar é, contudo, algo menos óbvio, mas não menos fundamental: o fato de que ao exercer tal função o pai se subtrai. O pai *parte* nos dois sentidos da palavra, estabelecendo margens e indo-se embora. Mas ao se ir o pai se inscreve mais fortemente, ainda que sua "sina de existir" seja uma navegação constante, uma perpétua travessia que traça no rio caudaloso uma escrita errática. Uma vez instalado em seu barquinho, "nosso pai passava ao largo",[2] indiferente aos apelos da família, mesmo quando a irmã, vestida de branco, traz seu bebê para a margem, suspendendo-o nos braços. O pai não tinha, contudo, "ido a nenhuma parte. Só executava a invenção de se permanecer naqueles espaços do rio, de meio a meio, sempre dentro da canoa, para dela não saltar, nunca mais".[3] Sem eira nem beira, o pai vai passando, inscrevendo-se ao longo de todo o conto, como se este fosse o rio e sua canoa a pluma que o reescreve, em múltiplas direções, sem ponto de chegada.

Sua presença subtraída é uma dívida impagável, que o narrador alimentará a cada dia, deixando num oco de árvore os víveres necessários para que o pai não se vá de vez, mas continue sempre "fazendo ausência". Quando elogiado por alguma de suas ações, o narrador não deixará de *alimentá-lo*, desta vez no sentido figurativo, afirmando que foi o pai que um dia lhe ensinou a fazer assim, "o que não era o certo, exato; mas, que era mentira por verdade".[4]

"Mentira por verdade": assim se manifesta para Freud o inconsciente, nunca se afirmando diretamente, mas mostrando-se de forma oblíqua, disfarçada, negada. A negação é inerente ao aparecimento do conteúdo recalcado: "... o reconhecimento do inconsciente por parte do eu exprime-se em uma fórmula negativa", escreve Freud em "A negativa".[5] Assim, a fala de um analisando, a respeito de um sonho: "esta mulher não é a minha mãe", mostra tratar-se indubitavelmente de sua mãe, mas também ensina que essa representação lhe é penosa e só pode ser reconhecida em uma fórmula negativa. A negação é a marca do recalcamento. Ela não é, porém, apenas um vestígio da censura sobre o material recalcado, pois exerce um papel primordial para o funcionamento psíquico. Em um momento originário, pulsional, afirmar corresponde a incorporar, incluir no eu, e negar equivale a expulsar.

A negação duplica essa rejeição inicial permitindo passar desses movimentos pulsionais à representação, e portanto, como afirma Freud, o estudo do julgamento nos dá acesso, talvez pela primeira vez, à compreensão da "origem de uma função intelectual" a partir do jogo das moções pulsionais primárias.[6]

Graças à negação articulam-se o pensamento e o corpo, sede das pulsões, lugar móvel em que se incorporam prazer e dor, as inclusões e exclusões costurando um desenho sobre a pele. A errática escrita paterna vem negar essas primeiras inscrições, estranhadas, já negadas, e assim, com ela, "aquilo que não havia, acontecia". E "a estranheza dessa verdade", da partida do pai para parte alguma, "deu para estarrecer de todo a gente".[7]

Inúmeras são as frases negativas que parecem, em "A terceira margem do rio", reverberar os cortes, as delimitações de que falávamos. A negativa que aí aparece como corte central, tão forte quanto lacônico, organizando toda a narrativa, é: "Nosso pai não voltou". Mas ela se reflete e desdobra em todo o texto, como na frase que a ela se sucede: "Ele não tinha ido a nenhuma parte." Por vezes, a negação curiosamente duplica-se, como em "Nosso pai nada não dizia".[8] Calado, o pai não cessa de dizer algo, ao longo de todo o escrito, aliás, ele *incorpora* o próprio dizer, dá corpo à sua função de "estar perto e longe de sua família dele". É o pai que fala pela boca, ou melhor, pela pluma do filho – como pai um dia ensinou.

A negação discursiva é portanto dupla, ela nega uma primeira negação pulsional, corporal, e, em uma "mentira por verdade", consegue a façanha de evocar o corpo. O pai parte para marcar uma presença indelével na memória do corpo, a presença de seu *não*, de uma perda. A própria ausência do pai é uma presença indelével, a partir do momento em que ele deixa essa marca, parte.

"E nunca falou mais palavra, com pessoa alguma. Nós, também, não falávamos mais nele. Só se pensava. Não, de nosso pai não se podia ter esquecimento; e, se, por um pouco, a gente fazia que esquecia, era só pra se despertar de novo, de repente, com a memória, no passo de outros sobressaltos."[9] A memória manifesta-se negando, negando que do pai não se pode esquecer, e assim ela nos desperta "de novo", "no passo de outros sobressaltos", sacudindo nosso corpo, ou seja, reacendendo, pela negação, pela palavra, o jogo das pulsões. Assim como a literatura.

Letra e sujeito

É fundamental notar que o conto não apenas tematiza o pai como escrita, mas o próprio texto rosiano *marca* – o conto corta, nega, estabelece margens, figura partidas. Pela aliteração, sobretudo, ele serra, corta repetidamente, como vimos, em "rio-rio-rio", para em seguida fluir em "a canoa saiu-se indo".[10] Com o pai a palavra refaz-se, em "A terceira margem do rio", imagem, retomando o momento inaugural em que se inscreve como letra no corpo.

É em "Lituraterra", texto de 1973, texto escrito após uma viagem ao Japão, que Lacan apresenta, de forma mais literária que conceitual, tal concepção de letra: "Não é a letra ... litoral mais propriamente, ou seja, figurando que um campo inteiro serve de fronteira para o outro"[11], diz ele ecoando curiosamente o texto rosiano. A letra faz margens e delimita registros. Lacan evoca a paisagem da planície siberiana que teria avistado da janela do avião, especialmente o rolar das águas que indica, por entre as nuvens, traços do relevo, mas o psicanalista nega um uso metafórico dessa imagem. O traço não é ele mesmo metáfora, mas obriga a uma leitura. Lacan afirma que "lhe fez leitura" o que viu da paisagem, e sua leitura é ela mesma fluida, dificultando uma apreensão conceitual estática, obrigando-nos também a alguma leitura.

"O escoamento", formula Lacan, "é o remate do traço primeiro e daquilo que o apaga. Eu o disse: é pela conjunção deles que ele se faz sujeito, mas por aí se marcarem dois tempos. É preciso, pois, que se distinga nisso a rasura."[12] Em "A terceira margem...", o rio figura a um só tempo, na inscrição que a pequena canoa do pai efetua em suas águas caladas, o traço primeiro e seu apagamento por uma nova escrita, já rasura de uma inscrição primordial.

A referência de Lacan à caligrafia chinesa, pintura e escrita a um só tempo permite-nos perceber na letra sua dimensão de gesto do corpo em que esses dois tempos se embutem e distendem. A caligrafia se produziria ao reproduzir, no traço sutil porém preciso que um ocidental não conseguiria realizar, a "metade ímpar com que o sujeito subsiste".[13] O gesto rememora aí o corte originário no corpo através do qual se perfila o sujeito, flutuando em uma espécie de terceira margem que apenas o traço fluido, a escrita prenhe de imagens, pode fugidiamente desenhar.

O próprio pai é traçado na escrita rosiana de uma maneira curiosa e conforme a essa sutil aparição do sujeito. Como contraponto à negação de que tratávamos há pouco, o texto rosiano torna pronominais verbos que não o são, sempre tendo como sujeito o pai. "... Nosso pai nunca se surgia a tomar terra, em ponto nem canto, de dia nem de noite, da forma como cursava no rio, solto solitariamente".[14] Ele "... se desertava para outra sina de existir, perto e longe de sua família dele" – e a "sua família dele" ecoa o que já se encontrava duplicado em "se desertava". O pronome reduplica o sujeito do verbo, o pronome possessivo reitera a posse, mas não confirma com isso a identidade do sujeito. Pelo contrário, ao reafirmá-lo o põe em suspenso, marca mais uma vez dois tempos, estabelecendo um hiato que reverbera a ruptura entre o pai e sua função. A partida do pai refaz, retroage o gesto de repartição pelo qual o sujeito surge, efêmero, como metade sem par. A partida não estabelece o pai como porto seguro para o sujeito, apesar de o filho passar a vida a alimentá-lo, à distância.

A "lituraterra"-literatura, segundo Lacan, "do litoral faz terra", sendo "rasura de traço algum que seja anterior".[15] A escrita é rasura e supõe um traço anterior, o traço no corpo do qual falávamos, mas é como rasura que ela estabelece tal traço que não existia por si, mas só se inscreve a partir de seu apagamento parcial por uma escrita a ele sobreposta. Reencontramos aí o palimpsesto, mas nele não se encontram em uma cronologia linear escritas de épocas distintas, uma sobre a outra. A letra dá mostras da lógica temporal que Freud aponta como o "só-depois" (*nachträglich*): marcam-se dois tempos distintos, e é da produção do segundo que se efetiva o primeiro. Entre os dois flui, sem dúvida, um terceiro tempo, uma terceira margem da qual a análise retira seus frutos.

A letra desenha um "furo no saber" – o que talvez obrigue Lacan, como Guimarães Rosa, a fazer em "Lituraterra" um amplo uso de fórmulas negativas, como nesta passagem: "A borda do furo no saber, não é isso que ela desenha."[16] Ela desenha, pinta, e o desenhado não é mais que buraco, essa metade sem par, traço, gesto de inscrição do ideograma que é aparição efêmera do sujeito, por entre a precariedade de seu corpo. Vê-se e não se vê o que ela desenha, visto que em última análise isso de que se trata não é mais que buraco. Assim a terceira margem delineia um sumidouro, um ponto em que o rio se dobraria sobre si mesmo, não mais constrangido a fluir, por mais caudalosamente que fosse, entre duas margens inexoráveis. Ele sai de seu caminho entre as margens e torna-se então enxurrada, sulcando novos traços no corpo. É nesse sentido que o gozo vem tomar o lugar desse buraco, vem preenchê-lo, como afirma Lacan.

Gozo, psicanálise e literatura

O ato do pai, o corte que ele opera, é portanto *hi-ato*. Em tal hiato a literatura e a psicanálise vêm se situar, ou melhor, no hiato entre as margens ambas navegam. Em análise a letra é tomada "ao pé da letra", como lembra Lacan. E o pé da letra, como Freud já notara desde seus primeiros tratamentos de histéricas, é o corpo – a catacrese é eloqüente a esse respeito, ao atribuir à letra um *pé*. A conversão histérica recoloca no corpo a metáfora, toma-a ao pé da letra, gozosamente, tentando apagar e reescrever a letra. Assim, Elizabeth von R., que se sentia desamparada e sem poder, em sua vida, "dar um único passo à frente", sentia fortes dores nas pernas e não podia andar.[17] Mas Lacan propõe à psicanálise a carta/letra como em suspenso (ou retida *en souffrance*)[18]. Na suspensão, no hiato, na terceira margem, a letra está por algum tempo retida, mas está também, como evoca belamente a expressão francesa, em sofrimento, à espera do gozo que poderá reanimá-la, desde que para tal lhe emprestemos nosso corpo.

Suspensão é justamente o que a leitura que Gilles Deleuze faz da obra de Sach-Masoch põe em relevo na obtenção do gozo. Em vez de realizar uma abordagem psicopatológica de Masoch, que privilegiaria em suas práticas eróticas o sofrimento, ele se debruça na obra do escritor para notar, com Pascal Quignard, que ela faz balbuciar a língua, levando-a a um ponto de suspensão. De forma similar à do masoquista que espera o golpe, em um momento de suspensão cheio de gozo.[19] Se o sintoma histérico converte a letra em sofrimento no corpo, a literatura mantém letra e corpo em suspenso, numa espera gozosa. O corpo não se apresenta, não se representa propriamente, mas é convocado pela letra a pôr-se em suspenso, na batida ritmada estabelecida pela escrita.

Isto talvez se dê em três tempos, cadenciados como na fala da mãe diante da partida iminente do pai, no conto de Guimarães Rosa: "Cê vai, ocê fique, você nunca volte!".[20] Já envelhecido, o filho, sempre às margens do pai, nele se espelha: "Eu mesmo tinha achaques, ânsias, cá de baixo, cansaços, perrenguice de reumatismo. E ele? Por quê? Devia de padecer demais. ... Ele estava lá, sem a minha tranquilidade. Sou culpado do que nem sei, de dor em aberto, no meu foro."[21] Ele vai então tomando idéia. Chama o pai, forte: "... O senhor vem, e eu, agora mesmo, quando que seja, a ambas vontades, eu tomo seu lugar, do senhor, na canoa!..." O eu e o senhor se repetem e se confundem, pela reiteração de pronomes. A dor em aberto poderia talvez se fechar, em seu foro, no corpo do filho, quando este tomasse o lugar do pai. Mas o pai faz "um saudar de gesto – o primeiro, depois de tantos anos decorridos!", e o filho se assusta e foge, parecendo-lhe que o pai vem "da parte de além". É impossível saldar a dívida, tomar definitivamente o lugar do pai, dar ao pai uma margem fixa, oferecendo a ele seu próprio corpo, mortificando-se. O corpo deve permanecer em uma terceira margem.

A terceira margem talvez seja então a própria escrita – ou melhor: se a escrita estabelece duas margens, a poesia é a exploração de sua terceira margem. Uma margem seria talvez aquela em que se situa o leitor, e na outra estaria o leitor, os dois à margem de algo que os ultrapassa, vem "da parte de além", "pondo perpétuo", mas também os situa brevemente, rio-rio-rio serrando-os. Rompe-se o espelho entre eles, o rio não é aquele que no mito reflete Narciso, mas o São Francisco, provavelmente, rio fundo, grande, "largo de não poder ver a forma de outra beira".[22] Rio cheio e de correnteza, onde "tudo rola o perigoso, aqueles corpos de bichos mortos e paus-de-árvore descendo – de espanto de esbarro".[23] O rio, o conto serra o espelho, o semblante que, ao se romper, evoca o gozo, segundo Lacan: "O que se evoca de gozo ao se romper um semblante, é isso que no real se apresenta como ravinamento das águas."[24] A indicação reiterada de que se trata aí de "nosso pai" e de "nossa mãe", na pluma de Guimarães Rosa, contudo, conjuga as duas margens nessa terceira, corrente, móvel, enxurrada que escreve a nós todos, ausentando-nos porém de nós mesmos e calando-nos, metendo-nos "rio adentro". Como se fecha o conto, sem fecho, nem mesmo na morte:

> Sou o que não foi, o que vai ficar calado. Sei que agora é tarde, e temo abreviar com a vida, nos rasos do mundo. Mas, então, ao menos, que, no artigo da morte, peguem em mim, e me depositem também numa canoinha de nada, nessa água, que não pára, de longas beiras: e, eu, rio abaixo, rio afora, rio adentro – o rio.[25]

Do umbigo do sonho, ponto inominável, resto corporal da negação que nomeia, renasce a enxurrada, o rio que não pára e em movimento se refaz repetidamente, gozo que cala, mas que desenha uma terceira margem, suspensão que nos impele à escrita inconclusa, em análise como na literatura.

Notas

Introdução

1. João Guimarães Rosa, *Ficção completa*, Rio de Janeiro, Nova Aguilar, 1995, vol.I, p.52.
2. Para um estudo mais detalhado do papel da arte e da literatura na psicanálise, ver Tania Rivera, *Arte e psicanálise*, Rio de Janeiro, Jorge Zahar, 2002.
3. Noemi M. Kon, *A viagem: da literatura à psicanálise*, São Paulo, Companhia das Letras, 2003. Ver também, da mesma autora, *Freud e seu duplo: reflexões entre psicanálise e arte*, São Paulo, Edusp/Fapesp, 1996.
4. João Guimarães Rosa, op. cit., vol.I, p.47.
5. Ibid., p.58.
6. Conferência em Yale em 24 de novembro de 1975, *Scilicet*, nº6/7, Paris, Seuil, 1976, p.35.
7. Idem.
8. Cf. Jacques Lacan, "Lituraterra", in *Outros escritos*, Rio de Janeiro, Jorge Zahar, 2003, p.17.
9. João Guimarães Rosa, "Aletria e hermenêutica", in *Ficção completa*, op. cit., vol.II, p.519.

1. O Outro ou o Outro: "O espelho" e a transferência

1. João Guimarães Rosa, "O espelho", in *Ficção completa*, op. cit., vol.II, p.437.
2. Ibid., p.438.
3. Ibid., p.437.
4. Ibid., p.439.

5. Sigmund Freud, "O estranho" (1919), in *Edição Standard Brasileira das Obras Psicológicas Completas de Sigmund Freud* (doravante, ESB), Rio de Janeiro, Imago, 1980, vol.XVII, p.309. Esse e os demais trechos de Freud citados terão, quando necessário, a tradução brasileira modificada conforme original alemão (*Gesammelte Werke (GW)*, Londres, Imago, 1952).

6. Ibid., p.277.

7. Ibid., p.281.

8. Tomo a expressão que nomeia este ensaio do título de outro conto de Guimarães Rosa, publicado originalmente em *Tutaméia*, e que se encontra também no mesmo volume da *Ficção completa*.

9. Ibid., p.441.

10. O termo também é de Rosa, dois paragráfos abaixo: "Tanto dito que, partindo para uma figura gradualmente simplificada, despojara-me, ao termo, até a total desfigura". *Ibidem.*

11. Guy de Maupassant, "O Horla (segunda versão)", in *Contos fantásticos*: "*O Horla*" *e outras histórias*, Porto Alegre, LP&M, 1997, p.107.

12. Ibid., p.107 e 108.

13. Ibid., p.110.

14. Ibid., p.116.

15. Ibid., p.116-7.

16. Ibid., p.120.

17. João Guimarães Rosa, "O espelho", op. cit., p.442.

18. Mário de Sá-Carneiro, *Todos os poemas*, Rio de Janeiro, Nova Aguilar, 1976, p.75.

19. Piera Aulagnier, "Remarques sur le masochisme primaire", *L'Arc*, nº34, 1968, p.48.

20. Sigmund Freud, "Além do princípio de prazer" (1920), ESB, vol. XVIII, p.27n.

21. Cf. Jean Florence, *L'Identification dans la théorie freudienne*, Facultés Universitaires Saint-Louis, Bruxelas, 1984.

22. O verbo *bewältigen* tem por significados, segundo Luiz Hanns: 1) Dar conta, resolver, superar, enfrentar; 2) Realizar, executar; 3) Digerir, elaborar, absorver, superar emocionalmente. Remete-se a *walten*: reinar, ser soberano, exercer domínio; mas o sentido enfatizado por Hanns no seu uso por Freud é o de "retomar o controle de uma situação" (Luiz Hanns, *Dicionário comentado do alemão de Freud,* Rio de Janeiro, Imago, 1996, p.176-7).

23. Aristóteles, *Poética*, s/l., Imprensa Nacional/Casa da Moeda, s/d., §1448*b*4.

24. Ibid., §1460*a*8.
25. João Guimarães Rosa, "O espelho", op. cit., p.442.
26. João Guimarães Rosa, "São Marcos", in *Ficção completa*, vol.I, p.367.
27. Aristóteles, ibid., §1457*b*.
28. João Guimarães Rosa, "O espelho", op. cit., p.439.
29. Ibid., p.441.
30. João Guimarães Rosa, *Grande sertão: veredas*, in *Ficção completa*, op. cit., vol.II, p.385.
31. "Alles Vergängliche ist nur ein Gleichnis". Goethe, *Faust*, versos 12.104-5.
32. Sigmund Freud, "Sobre a transitoriedade" (1916 [1915]), *ESB*, vol. XIV, p.317.
33. Idem.
34. Rainer Maria Rilke, "Das Stunden Buch", in *Gesammelte Gedichte*, Frankfurt, Insel, 1962, p.20. Tradução de José Rivera.
35. Carlos D. Pérez, "Sintoma e metáfora", in *Do gozo criador*, São Paulo, Escuta, 1987, p.202.
36. Ibid., p.203.
37. Octavio Paz, *O arco e a lira*, Rio de Janeiro, Nova Fronteira, 1982, p.319. Os destaques são do autor.
38. Carlos D. Pérez, art. cit., in op.cit., p.204. Cortázar refere-se a Louis Armstrong: é "como se Louis necessitasse dizer o tempo todo adeus a essa música que cria e que se desfaz no instante, como se soubesse o preço terrível dessa sua maravilhosa liberdade" (p.41).
39. Sigmund Freud, "A dinâmica da transferência" (1912), *ESB*, vol.XII, p.133.
40. J.-B. Pontalis, *Ce temps qui ne passe pas*, Paris, Gallimard, 1997, p.39.
41. Luiz Hanns, *Dicionário comentado do alemão de Freud*, op. cit., p.415.
42. J.-B. Pontalis, op. cit., p.28.
43. Apud Carlos D. Pérez, op. cit., p.87.
44. B. Pontalis, op. cit., p.28.

2. "A menina de lá" e o desejo do analista

1. João Guimarães Rosa, "A menina de lá" (*Primeiras Estórias*), in *Ficção completa*, Rio de Janeiro, Nova Aguilar, 1994, vol.II, p.401-4. Considerando a brevidade do conto, tomarei a liberdade de não indicar a página de cada

citação, visando uma maior fluidez do escrito. Os eventuais destaques em grifo nas citações são do próprio autor.

2. Sigmund Freud, *GW*, Londres, Imago, 1955, vol.XIV, p.213.

3. Ibid., p.214.

4. Em um ensaio que, apesar de enfocar o infantil, não faz menção ao conto "A menina de lá": Henriqueta Lisboa, "O motivo infantil na obra de Guimarães Rosa", in João Guimarães Rosa, *Ficção completa*, op. cit., vol.I, p.134.

5. Jacques Lacan, *O Seminário*, Livro 8: A transferência, Rio de Janeiro, Jorge Zahar, 1992, p.186.

6. Sigmund Freud, "Fragmento da análise de um caso de histeria" (1905 [1901]), *ESB*, vol.VII, p.106.

7. Jacques Lacan, *O Seminário*, Livro 11: Os quatro conceitos fundamentais da psicanálise, Rio de Janeiro, Jorge Zahar, 1998, p.121.

8. Cf. Jacques Lacan, "Do 'Trieb' de Freud e do desejo do psicanalista", in *Escritos*, Rio de Janeiro, Jorge Zahar, 1998, p.868.

9. Jacques Lacan, *O Seminário*, Livro 11: Os quatro conceitos fundamentais da psicanálise, op.cit., p.240.

10. Jacques Lacan, *Le Seminaite, livre IX*, lição 18 (2.5.1962), inédito.

11. Jacques Lacan, *Le Séminaire, Livre X, L'Angoisse*, Paris, Seuil, 2004. [Ed. bras.: *O Seminário*, Livro 10: A Angústia, Rio de Janeiro, Jorge Zahar, no prelo.]

12. Sigmund Freud, "Inibição, sintoma e angústia" (1926), *ESB*, vol.XX, p.189-90. No original, *GW*, vol.XIV, Londres, Imago, 1955, p.198.

13. Jacques Lacan, *O Seminário*, Livro 7: A ética da psicanálise, Rio de Janeiro, Jorge Zahar, 1997, p.360.

14. Cf. Jacques Lacan, *Le Seminaire, livre VIII*, lição 28 (28.6.1961), seção inédita.

15. Jacques Lacan, *O Seminário*, Livro 11: Os quatro conceitos fundamentais da psicanálise, op.cit., p.260.

3. Entre o que se vê e o que se escreve: "Nenhum, nenhuma" e a interpretação

1. João Guimarães Rosa, "Nenhum, nenhuma", in op. cit., vol.II, p.423.

2. Ibid., p.427.

3. Ibid., p.424.

4. Sigmund Freud, "Um distúrbio de memória na Acrópole" (1936), *ESB*, vol.XVII, p.295.

5. Ibid., p.331.

6. João Guimarães Rosa, "Nenhum, nenhuma", op. cit., p.427.

7. Ibid., p.424.

8. Idem.

9. Ibid., p.425.

10. Ibid., p.423.

11. Sigmund Freud, "Um distúrbio...", op. cit., p.298.

12. Guy Rosolato, *La Relation d'inconnu*, Paris, Gallimard, 1978, p.253.

13. Sigmund Freud, "O estranho", op. cit., p.305; *GW*, vol.XII, p.259.

14. João Guimarães Rosa, "Nenhum, nenhuma", op. cit., p.423. A interpolação é minha.

15. Ibid., p.427.

16. Sigmund Freud, "A cabeça de medusa" (1922), *ESB*, vol.XVIII, p.329.

17. Ibid., p.330. *GW*, vol.XVII, p.48.

18. João Guimarães Rosa, op. cit., p.427.

19. "*Regung der Pietät*". Sigmund Freud, "Um distúrbio...", op. cit., p.303. *GW*, vol.XVI, p.257.

20. Sigmund Freud, "O tema dos três escrínios" (1913), *ESB*, vol.XII, p.379.

21. Sigmund Freud, "Um distúrbio...", op. cit., p.295-6.

22. João Guimarães Rosa, op. cit., p.426.

23. João Guimarães Rosa, "Aletria e hermenêutica", in *Ficção completa*, op. cit., vol.II, p.526.

24. João Guimarães Rosa, "Nenhum, nenhuma", op. cit., p.427.

25. Ibid., p.428.

26. Idem.

27. João Guimarães Rosa, "Aletria e hermenêutica", op. cit., p.519.

4. Nos passos de Gradiva: "Se eu seria personagem" e a feminilidade

1. João Guimarães Rosa, "Se eu seria personagem", in *Ficção completa*, op. cit., vol.II, p.663-5. Os destaques em grifo são do autor. Dada a grande quantidade de citações que dele faremos, e a brevidade do conto, não será indicada a página de cada trecho.

2. Marcel Duchamp, *Duchamp du Signe*, Paris, Flammarion, 1994, p.247.

3. Wilhelm Jensen, *Gradiva: uma fantasia pompeiana*, Rio de Janeiro, Jorge Zahar, col. Transmissão da Psicanálise, 1987.

4. Sigmund Freud, "Delírios e sonhos na *Gradiva* de Jensen", *ESB*, vol.IX, p.74; *GW*, vol.VII, p.97.

5. Ibid., p.91.

6. Ibid., p.87; *GW*, p.112.

7. Cf. Sigmund Freud, "Fetichismo", *ESB*, vol.XXI. Para um estudo mais aprofundado dessa noção, ver Tania Rivera, "O fetiche, subversão do símbolo", *Percurso. Revista de Psicanálise*, São Paulo, ano X, nº19.

8. Sigmund Freud, "Delírios e sonhos...", op. cit., p.55.

9. Ibid., p.45; *GW*, p.63.

10. Cf. "Observações sobre o amor transferencial (Novas recomendações sobre a técnica da psicanálise III)" (1915[1914]), *ESB*, vol.XII.

11. "Análise terminável e interminável", *ESB*, vol.XXIII, p.286-287.

12. Sigmund Freud, "O humor", *ESB*, vol.XXI, p.190.

13. Ibid., p.194.

14. Idem.

15. Sigmund Freud, "Feminilidade", in "Novas conferências introdutórias sobre psicanálise", *ESB*, vol.XXII, p.165.

16. Serge André, *O que quer uma mulher?*, Rio de Janeiro, Jorge Zahar, 1987, p.222.

17. Sigmund Freud, "A dissolução do complexo de Édipo", *ESB*, vol.XIX, p.222.

18. Serge André, op.cit., p.284.

19. Sigmund Freud, "Construções em análise", *ESB*, vol.XXIII, p.300; *GW*, vol.XVI, p.53. Os destaques são meus.

20. Todas essas preciosas informações sobre Édipo estão em Ana Vicentini de Azevedo, "Entre *tyche* e *autómaton*: o próprio nome de Édipo", *Percurso. Revista de Psicanálise*, São Paulo, ano XII, nº23.

5. "A terceira margem do rio": O pai e o gozo

1. João Guimarães Rosa, "A terceira margem do rio", in *Ficção completa*, op. cit., vol.II, p.412.

2. Ibid., p.410.

3. Ibid., p.409.

4. Ibid., p.411.
5. Sigmund Freud, "A negativa" (1925), *ESB*, vol.XIX, p.300.
6. Ibid., p.299.
7. João Guimarães Rosa, op. cit., p.409.
8. Idem.
9. Ibid., p. 411.
10. Ibid., p. 409.
11. Jacques Lacan, "Lituraterra", in *Outros escritos*, Rio de Janeiro, Jorge Zahar, 2003, p.18.
12. Ibid., p.21.
13. Idem.
14. João Guimarães Rosa, "A terceira margem do rio", op. cit., p.410.
15. Jacques Lacan, "Lituraterra", op. cit., p.21.
16. Ibid., p.18.
17. Cf. Sigmund Freud, "Estudos sobre a histeria", *ESB*, vol.II, p.166.
18. Jacques Lacan, "Lituraterra", op. cit., p.17.
19. Cf. Gilles Deleuze, "Re-présentation de Masoch", in *Critique et Clinique*, Paris, Minuit, 1993.
20. João Guimarães Rosa, "A terceira margem do rio", op. cit., p.409.
21. Ibid., p.412.
22. Idem.
23. Ibid., p.411.
24. Jacques Lacan, "Lituraterra", op. cit., p.22.
25. Ibid., p.413.

Fontes

Os capítulos deste livro, à exceção do quinto, foram originalmente publicados conforme indico a seguir, tendo sido revisados e sofrido alterações, por vezes radicais, para compor o presente volume.

Capítulo 1. "O Outro ou o Outro. Guimarães Rosa e a transferência", *Psychê. Revista de Psicanálise*, ano VII, nº12, São Paulo, Unimarco, jul-dez 2003, p.47-64.

Capítulo 2. "A Psicanálise se entrelaça à literatura: O desejo do analista através de um conto de Guimarães Rosa", *Psicologia Clínica*, Rio de Janeiro, PUC, vol.14, nº1, 2002, p.75-84.

Capítulo 3. "Entre o que se vê e o que se escreve. Ensaio sobre a interpretação", *Percurso. Revista de Psicanálise*, São Paulo, ano XIV, nº27, 2º sem 2001, p.27-33.

Capítulo 4. "O analista, a mulher e o fetiche", *Alter. Jornal de Estudos Psicodinâmicos*, Brasília, vol.XIX, nº2, dez 2000, p.261-78.

Agradecimentos

Agradeço a Ana Vicentini de Azevedo pelo convite à aventura de ler Guimarães Rosa e pelo diálogo sempre fecundo sobre as relações entre arte, literatura e psicanálise. Sou grata também aos alunos que muitas vezes trilharam comigo o caminho que levou a essa escrita, e ao CNPq por ter apoiado as investigações que deram origem a ela.

Agradeço imensamente a Elida Tessler e Edson Souza pelo encontro único que aqui se concretiza em imagem. Obrigada, sempre, a Anita e Isadora, por suas palavras mágicas.

ESTA OBRA FOI COMPOSTA POR TEXTOS & FORMAS EM ACASLON REGULAR E DINNEUZEIT GROTESK E IMPRESSA EM PROCESSO SOB DEMANDA PELA UM LIVRO SOBRE PAPEL OFFSET PARA A EDITORA SCHWARCZ A PARTIR DE 2024

FSC
www.fsc.org
MISTO
Apoiando o manejo florestal responsável
FSC® C128038

A marca FSC® é a garantia de que a madeira utilizada na fabricação do papel deste livro provém de florestas que foram gerenciadas de maneira ambientalmente correta, socialmente justa e economicamente viável, além de outras fontes de origem controlada.